掛《かけ》川《がわ》 東《とう》海《かい》金《きん》 著

密教姓名学《字形篇》

かたちで見るなまえの吉凶と象意

赤ちゃんの命名に役立つ《字形・人名》漢字字典付

太玄社

序言

本書は、先に出版された、拙著『密教姓名学《音声編》』の続編であり、「音声」「字形」「字義」「画数」という「姓名」の四大要素のうち、二番目にあたるものです。

本来なら、「字義」が最も重要な要素と考えるべきものですが、「音声」を第一番目とするのは、「音声」の象意が言語を問わず、世界共通であることと共に、現代日本の名づけ方法が、漢字を前提としない、カタカナやひらがなの「なまえ」だったり、漢字を使っていても、その「字義」よりは、「音声」だけが目的、といった使い方が多く見られるためです。

「字形」が第二番目であるのは、たとえ「字義」を知らない漢字であっても、漢字に含まれる「字形」には、何らかの「図形心理学」的な意味があるもので、本書に挙げた、有名人の多くの実例を見れば、必ずご理解いただけるものと考えています。

「音声」や「字形」で見る「姓名学」は、これまで日本では、馴染みの薄いものでしたが、「画数」の「姓名学」と比べると、「音声心理学」や「図形心理学」といった、科学の領域から見ても、決して無理のない方法論であり、「画数」の「姓名学」で言われるような、「迷信」だの「非科学的」などといった誹りを免れるものです。

本書を、今すぐ「命名」に使いたい方は、イメージする「なまえ」の文字を、本書の「字形・人名漢字字典」で参照し、その漢字が、どの「字形分類」に当てはまり、どんな有名人の「なまえ」と共通するかを見てください。

避けるべき「字形」を使わないことや、良い「字形」でも、あまり重ねて使用しないことが重要ですが、「字義」についても大まかな説明をしてありますから、「名づけ」や「改名」の参考にしていただければ幸いです。

令和三年 辛丑

掛川東海金

出版に寄せて

1990年代半ばから2000年代に、「キラキラネーム」と呼ばれる名前が急増しました。アニメのキャラクターや外国語の発音などに漢字を当てて、生まれてきた子どもに名づけることを「キラキラネーム」と呼んだのです。

この風潮に対して、2012年に自民党の安倍晋三総裁が講演で「キラキラネームをつけられた子の多くはいじめられている」と苦言を呈したこともあります。また、東進予備校講師の林修氏は、キラキラネームについて「漢字本来の読み方を無視した、読み方の想像ができない名前は固有名詞としての役割を果たしていない」と指摘し、キラキラネームと学力の低さはある程度相関性があると主張したことも有名です。このように「キラキラネーム」が増えた背景には、人気のある名前の漢字表記が多様化したことが一因となっているという調査結果もあるようです。

個性や目新しさを狙った「キラキラネーム」に苦労する人も多いようですが、最近ではそんな傾向に嫌悪感を覚えたと思われる人々が、あえて時代に逆行するように古風な名前をつけて、それを「シワシワネーム」と呼び、トレンドとなっているようです。例えば、昭和の時代に多くみられた名前、男の子なら「〇男」「〇太郎」、女の子なら「〇子」「〇美」といったものです。しかし、「シワシワネーム」をつけられた子どもたちは、それが定番化しなければ、「キラキラネーム」と同じように、いろいろ不便なことや面倒な思いを経験する可能性も否定できません。

子どもの名前は、親がわが子へ贈る初めてのプレゼントであり、その名前で子どもが苦労してしまうのは、親としてとても不本意だと思います。そうしたことを踏まえれば、時代の流行に左右されたり、カテゴリー分けされたりするような名前は如何なものかと考えてしまいます。

　私たちが名前に漢字を使用するという前提で漢字というもの考えると、漢字とは、象形・指事・会意・形声に仮借・転注を追加して、六つに分類することができ、この六種の区別を六書《りくしょ》といいます。具体的な内容は、後漢時代の儒学者・文字学者である許慎《きょしん》（58〜147年）が著した『説文解字』に記されています。日本で頻繁に使用される漢字を六書に分類したものとして、『小学校漢字六書分類表』には、教育漢字一〇〇六字を六つに分類したものがあり、教育漢字は、「象形文字」（16％）、「指事文字」（3％）、「会意文字」（21％）、「形声文字」（59％）、「仮借文字」（0・2％）、「転注文字」（0％）の割合で構成されているようです。

　つまり、漢字の成り立ちの分類では、意味を表す漢字と音を表す漢字を組み合わせて作る「形声文字」が半分以上を占め、次に複数の漢字の意味や形を組み合わせて作った「会意文字」と物の形をかたどって字形を作る「象形文字」の三つで、96％の漢字の成立と用法となっているわけです。そして、漢字を使用することを前提とした姓名学では、「音声」（漢字の読み方）、「字義」（漢字の意味）、「字形」（漢字の形）の三つが特に重んじられているのは、漢字の成立と用法に依拠するためでしょう。

　本書では、「姓名」の中でも「音声」の与える心理作用は世界共通という可能性があると考えており、姓名学の最重要要素として「音声」を第一に考えていますが、「形声文字」が漢字の成立と用法の一番比率の高い59％を占めていることを考えれば、それは至極当然ともいえるでしょう。

　最近、マッサージ店の店長である中国人の馬河容疑者が逮捕された新聞記事が、ネットで話題になっていました。どうして、話題になったのかといえば、馬河容疑者を音読みすると「バカ」だったからです。そして、捕まった内容といい、その音読みの名前が事件の内容とも結びつき、何とも言えない哀愁を感じて、人々に強い印象を残したのでした。新聞によっては、「マーホー」容疑者と中国語の発音をカタカナ表記で書いていましたが、活字で新聞を見る限り、少なくとも大多数の日本人は、馬河容疑者の名前の中国語発音などは知りませんから、前述のとおり無条件で音読みしてしまったわけです。この容疑者の名前と事件はまったく関係性がないかもしれませんが、新聞で知った人たちの間には、姦計（わるだくみ）性があったのだと考えてしまった人もいるかもしれません。

名前を付けることは、とても尊い行為で、親になった方の特権でもあり、同時に重い責任でもあります。漢字を扱う上での縁起を推し量る意味でも、字形を漢字字典のように扱える本書を名付けの際の座右の書として、名付けで悩むすべての親にお勧めいたします。

山道帰一

２０２０年１２月１８日　神在吉日

密教姓名学《字形篇》——目次

字形・人名漢字字典

第1章　字形による心理作用

字形による心理作用ー品川

字形による姓名学は、ある名前を見たときに与える心理的な効果を測るものであり、現代科学の図形心理学的な側面からも、納得できるような発想になっています。

もともと漢字の字形が与えるイメージというのは、文字の意味からくる記号作用と、字義とは関係のない、まったく図形そのものによる心理作用に分かれます。

例えば、「品川」という駅名を見て、文字の意味から感じるのは、品物を船に乗せて海に出て行く川、というような、共通のイメージとなり、これはある意味、約束事に近いものになります。

ところが、その約束事を知らない外国人から、こう聞かれたことがあります。

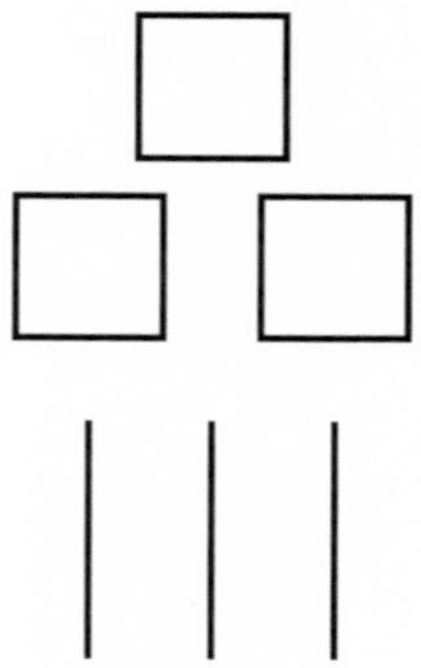

「WHERE IS THREE SQUARE THREE LINE STATION?」

なるほど「品川」という文字を、形だけで見れば、三つの四角形（ＳＱＵＡＲＥ）と三本の線（ＬＩＮＥ）からできているので、漢字を知らない外国の方にとっては、単なる記号に見えたと推測できます。

このように、漢字の意味によるイメージというのは、あくまでも「記号」作用であり、共通の約束事に参加した人だけに通じるもので、それ以外の人には役に立ちません。

ところが、図形によるイメージは「心理」作用であり、地球上の人類すべてに、最大公約数的に同じ効果を与えます。

図形について、極端なモデルを想定してみますと、

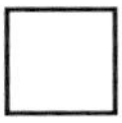 と 

では、どちらが、ヘビに見えるか、と聞かれれば、例外なくのほうを選ぶでしょう。

つまり、ここでいう「字形」というのは、主に「記号」作用、すなわち「字義」を含まない、「図形」的な意味での形を意味しています。

このような作用は、普通は主に「姓名」の「名」のほうにだけあり、「姓」のほうには生じません。ただし、芸名やペンネームのように、意図的につけた場合には、作用することがあります。

また、芸名やペンネームに本名を使う場合、ありふれた姓では特別な作用が見られませんが、珍しい苗字の場合は、作用する場合があります。これは、「字形」だけでなく、「字義」や「音声」の場合にも言えることです。

このような作用は、あまり親しくない人に対してのもので、お互いによく知ってから、初めて名刺を交換したようなときには、あらためて印象を変えるほどの効果は生じません。

逆に、主に新聞や雑誌だけで知られているような人は、姓名の「字形」や「字義」が、そのイメージを決定的にする場合もあります。

「記号」と「言語」

「記号」と「言語」の違いは何なのでしょうか。

同じ「WATER」でも、水の入ったボトルに貼られたラベルなら「記号」であり、英語を知らない人が見れば、それが、水のことなのか、ボトルのことなのか、ジュースやサイダーとか、他の液体のことかもわかりません。

ところが、「WATER」が「水」のことだと理解できると、「WATER」は「記号」から「言語」に変化してしまいます。

つまり、「WATER」は、水が入ったボトルに貼られたラベルであり、なおかつ「WATER」は、「水」を意味する「名前」という、重層的な「関係」として認識されるのです。

スイスの言語学者ソシュールの言語論では、「言語」とは「記号」であり、そのものの実体などとは関係なく「恣意的」に「名」がつけられており、「構造」の中でだけ意味があるにすぎない、とします。

ソシュールの理論では、例えば「走る」という言葉の価値や意味は、「歩く」とか「止まる」とか、「走る」以外の言葉との要素の違い、つまり「差異」にある、とします。

人間の赤ちゃんがこの世に生れて最初に話す言語は、世界共通に「ママ」であり、「ママ」は世界共通に「母親」「母乳」「ご飯」などの意味で使われています。「ママ」ではなく「パパ」「ババ」「ファファ」などの場合もありますが、いずれも「ア段」の「唇音」という共通点があります。

室町時代に編纂された、日本で最初のなぞなぞ集とされる「後奈良院御撰何曾《なぞ》」という文献に次のようなものがあります（後奈良天皇の父である後柏原天皇の「なぞだて」にも見られる）

「ははには二たびあひたれども、ちちには一どもあはず」

（母には2回逢うけれど、父には1回も逢わないものは何？）

その答えは「くちびる」であり、当時「はは」という音声が、現代のような「喉音」ではなく、「唇音」だったことがわかります。つまり「ハハ」ではなく、「パパ」か「ババ」か「ファファ」と読まれていたことになります。

なぜ「ア段」の「唇音」が、最初の言語になるのかは、乳児が母親の乳首を銜《くわ》えたそのままの口で発声すると「ママ」や「パパ」という音声になるためと言われています。

母乳のことを「パイパイ」と呼ぶのも、これに由来しているのでしょう。昔から、ご飯のことを

「マンマ」と呼ぶのも同様です。

ただし、赤ちゃんが「ママ」という言葉を覚えても、それが「母親」のことか、「母乳」のことか、それとも自分以外の「他人」のことか、理解しているとは限りません。

しかし、「ママ」は母親、「パパ」は父親、「ババ」は祖母、またはその他の人、などと「分別」できるようになると、「差異」が生れたことになります。「差異」とは「分別」によって決まるもので、「関係」と言い換えることができます。

つまり、「言語」は「記号」でしかない、と言いますが、「関係」を表す「記号」が「言語」である、と言い換えるべきなのです。

「名は体を表す」という諺がありますが、人間の「姓名」がその人を「関係」として正しく表すことができるか、というと、簡単なことではありません。

特に出生時につけられる名前は、こんな人になってほしいという、親の希望が盛り込まれているものですが、実際にどうなるかは、もちろんわかりません。

「名《なまえ》」とは何か

老子 第一章に、こうあります。

道可道非常道　道の道とすべきは常の道にあらず

名可名非常名　名の名とすべきは、常の名にあらずこの世には、「法則」「原理」「真理」などと呼ばれるもの、つまり「道」がありますが、永久不変の「法則」「原理」「真理」と言えるものはなく、時間的・空間的条件により、どんな「法則」「原理」「真理」も変化してしまうものです。

「名」についても、「法則」「原理」「真理」などと同じように、絶対的なものではなく、時間的条件が変化すれば変わりますし、「名」が同じでも意味が違うこともあります。

「名」とは、あるものが何であるかを認識するためにあり、人間は「名」がなければ、そのものを認識することができませんから、どんなものであれ、必ず「名」をつけて呼ぶのです。

老子には続けてこうあります。

無名天地之始　天地の始めを無と名づけ、
有名万物之母　万物の母を有と名づく

宇宙の始まりには、まだ何も無かった、と考えることができますが、何も無い状態には、認識する主体も客体も存在せず、認識することができません。このような、何も認識できない状態を「無」と言います。人間は何にでも名前をつけないと認識することができないので、何も認識できない状態を「無」と名づけたのです。

宇宙が始まると、あらゆる現象に「名」をつけて認識することができるようになり、あらゆるものが存在できる、つまり「生まれる」ようになります。このような状態を「有」と言い、すべてのものの根本と言えます。

故常無欲以観其妙　　故に、常に無をもってその妙を見んと欲し、

常有欲以観其徼　　常に有をもってその徼（もとめるところ）を見んと欲す

つまり、認識できない、実体の見えない現象に名づけた「無」という名前にこそ、抽象化や概念化という、人類の智慧を見出すことができ、実体の見える、認識できる現象に対しては「有」という名前をつけて認識し、抽象化・概念化することができたのです。

此両者同出而異名　　この両者は同じ出にして、しかして異名なり

同謂之玄、玄之又玄、衆妙之門　　同じくこれを玄と言い、玄これ又玄、衆妙の門なり

あらゆるものに「名」をつけること、つまり抽象化・概念化して認識することこそが、人類の智慧というべきものであり、人類が他の動物と一線を画すのです。

中でも「無」と「有」という概念は、叡智と言うべきであり、このような認識の仕組みを正しく理解することにより、人間はさらに高度な認識に達することができます。

このように、「無」と「有」とは、根本的には同じことを表すものであり、あらゆるものに名前をつけ、抽象化・概念化して認識することを表しています。

「有」と「無」が同じで「異名」と言えば、「色即是空・空即是色」を思い出す人も多いでしょう。「有」も「無」も「関係」であり、「色」と「空」が等しいのと同様に、「同出而異名」、つまりもとも

とは同じものなのです。

「色即是空」は、「色＝空」、つまりまったく同じ、という意味であり、「空即是色」と続けて念押ししています。現代でもこれを理解できない仏教者が多い中、老子は、紀元前六世紀ごろ、言葉は違うものの、すでに「色即是空」を理解していました。

また、人間は「言語」なしに「思考」できるか、という論争が、現代でも行われていますが、「名」つまり「言語」なしには思考できないことを、老子がすでに喝破していたのです。

「記号」と「言語」について、「老子」を借りて言うなら、「万物の母」である「有」が生み出す「万物」の一つひとつに「記号」が付けられますが、「有」や「無」には「記号」が付けられません。なぜなら、「有」も「無」も「概念」であり、「関係」を表す「言語」ですから、「記号」で表すことができないからです。

十二縁起《えんぎ》

仏教で「名《なまえ》」は「名色《めいしき》」という言葉で表現されます。「名色」を理解するためには、「十二縁起」を知る必要があります。

仏教の開祖、お釈迦様は「一切はみな苦である」と説き、その原因を「十二縁起」というコンテンツ（項目、目次）で示しました。

「縁起《えんぎ》」とは「空《くう》」のことであり、「空」とは「関係」（の認識）のことですが、「（同時的）相互関係」と「（前後的）因果関係」の中では、主に「（前後的）因果関係」に属するもので、次の十二の段階に分けて表します。

無明《むみょう》→行《こう》→識《しき》→名色《めいしき》→六入《ろくにゅう》→触《しょく》→受《じゅ》→愛《あい》→取《しゅ》→有《ゆう》→生《せい》→老死《ろうし》

これらはさらに、過去、現在、未来に分けられ、それぞれに「因」と「果」、つまり原因と結果があります。

無明・行…………………………………過去二因
識・名色・六入・触・受………………現在五果
愛・取・有………………………………現在三因
生・老死…………………………………未来二果

例えば、ある男女が愚かな（無明）行為（行）をします。これが「過去二因」であり、これによって、新しい生命（識＝意識）が生まれ、その肉体に「名」がつけられ（名色）、感覚器官（六入）によって外界と接触（触）し、いろいろ感じて受け止め（受）、「現在五果」となります。「現在五果」、とりわけ感受（受）によって愛着（愛）がおこり、ものごとに対して執着（取）し、執着したものを所有（有）したがり、これが「現在三因」となります。

自分の「現在三因」は、自分の「未来二果」を導くもので、生きて（生）、老いて死んで（老死）ゆきます。

また同時に次の世代にとっては、前の世代の「現在三因」が自分の「過去二因」の一部分でもあります。

これらはすべて「苦」の原因であり、「苦」は次の八種類に分類されます。

「生苦」とは生きる苦しみ。
「老苦」とは老いる苦しみ。
「病苦」とは病気の苦しみ。
「死苦」とは死にゆく苦しみ。
「愛別離苦《あいべつりく》」とは愛するものを失う苦しみ。
「怨憎会苦《おんぞうえく》」とは嫌な人と会わなければならない苦しみ。
「求不得苦《ぐふとくく》」とは欲しいものを手に入れられない苦しみ。
「五蘊盛苦《ごうんせいく》」とは生理的、心理的欲望が強すぎる苦しみ。

以上を「八苦《はっく》」といいます。これらは、人間である限りは逃れられない苦しみと言えます。

「苦」の始まりは「過去二因」にあり、中でも「無明」が「苦」の根本的な原因となります。

「十二縁起」では、人間は生まれて「識」つまり「意識」を持ったときから、「名色」「六入」「触」「受」を通じて「業」を貯えるようになります。

「業《ごう》」とはその人の考えたこと（意業《いごう》）、やったこと（身業《しんごう》）、話したこと（口業《こうごう》）の記録であり、「三業《さんごう》」ともいいます。

自分の、ある人に対する愛着（愛）は執着（取）を生み、さらにその人を所有したい気持ち（有）になります。これが「現在三因」であり、自分にとっては「未来二果」の原因であるとともに、次の世代にとっては「過去二因」つまり「無明」と「行」にあたる、ということになります。

「愛」「取」「有」とは、要するに欲望のことですから、性欲に限らず、人間にとって「苦」の大きな原因となります。

十二縁起の表を、もう一度見てみましょう。

無明《むみょう》→行《こう》→識《しき》→名色《めいしき》→六入《ろくにゅう》→触《しょく》→受《じゅ》→愛《あい》→取《しゅ》→有《ゆう》→生《せい》→老死《ろうし》

「名色」だけ「色」の字がついていますが、六入（感覚器官）、触（接触）、受（感受）、のほうこそ、通常「色」とされるものです。

「色」とは、あらゆる存在や現象の意味ですが、人間の感覚器官に触れることによって感受され、「識」によって、存在や現象として認識されるものです。

一般的に、「言語」よりも「感受」のほうが先ではないかと思われがちですが、「人類」であれば、先に「名」がなければ「感受」できない、つまり、人間が「空腹」という状態を「感受」するためには、「空腹」に相当する「名色」があって初めて「感受」できる、ということが言えます。

よく、「ストレス」とか「肩こり」という言葉を知らない人は、「ストレス」も「肩こり」も感じたことがない、などと言うのも、根拠のないことではないのです。

以上のように、老子と釈迦は、いずれも、人間の認識には「名」が必要であることを論じています。つまり「言語」無しには「思考」できないのが人間なのです。

「姓名学」とは

本書は『密教姓名学』と名づけましたが、科学の領域に「姓名学」というものはなく、「姓名学」を名乗るものは、せいぜい「画数」を使って、「吉数」か「凶数」かを判断するものがほとんどです。「画数」の「姓名学」の始まりは、清朝時代の康熙《こうき》五十五（１７１６）年に『康熙字典《こうきじてん》』が発行され、字体が統一されて、文字の「画数」が確定し、「画数」による文字の分類が可能になってからのことです。それまでは、画数の数え方すら統一されておらず、文字の分類は不可能で、当然「画数」の「姓名学」も成り立ちませんでした。

「姓名学」における「画数」の使い方は、一文字ずつの画数を見るというよりは、ある二文字以上の画数の合計した数を見て「吉数」と「凶数」に分けて判断するものです。

「数値」に「吉数」と「凶数」があるなら、「数霊」とか「数理」というようなものを認めていると思われがちですが、もちろん「数値」に吉凶があるわけがなく、「吉数」と「凶数」は、統計の結果から判断しているだけで、「数霊」や「数理」とは関係がありません。

もし「数霊」や「数理」によって吉凶が決まるなら、例えば「姓名学」で「二十二」は「凶数」とされますから、二十二歳とか、二十二号室とか、二十二キロとか、二十二番地などで、いちいち凶事が起こる事態になりそうですが、そんなことがあるわけはありません。

もちろん「画数」の「姓名学」とはいえ、『康熙字典』の「画数」を組み合わせて分類し、集計した結果として得た結論ですから、「科学的」とは言えないまでも、「反科学」でもありません。

「科学」の側では、「姓名」を研究したものは皆無であり、方法論さえ提起されていないだけでなく、漢字を使う習慣のない西洋の科学では、「画数」の「姓名学」は扱いようがなく、研究されないのも仕方がありません。また、アルファベットの画数など数えようがなく、日本の「ひらがな」でさえ実は、画数が決まっていないのが現状です。

ところが「音声」なら、「ママ」のような世界共通の乳児語もありますから、「姓名」の中でも「音声」の与える心理作用は世界共通という可能性があります。

映画『奇跡の人』に、手にかかる井戸水で「すべてのものに名がある」ことを理解したヘレン・ケラーが、「ワーラー」と叫ぶ感動の場面がありますが、当時の手紙や自伝を見れば、そのような声は出さなかったことがわかります。つまり、この場面の「音声」は、アーサーペン監督の演出であったことが理解できます。

なぜそうしたかと言えば、「音声」にしたほうが伝わりやすいと、監督が考えたからであり、実際に、この映画は多くの観客にアピールしました。

「密教姓名学」は、「画数」の「姓名学」を否定したり、軽視したりするものではありませんが、「音声」を第一に考える理由がそこにあります。

音声以外の要素を考えると、例えば、「慎太郎」という名前は「慎み深い暴れん坊」という意味になってしまい、意味的には矛盾することから、そのイメージが、彼の才能を伸び悩ませた、という見方があり、このような見方を「字義の姓名学」と言います。

もう一つ、「慎」のように「りっしんべん」や「心」を持つ名前の人は、心労が多くなる傾向があり、「慎太郎」氏も、見かけによらず、コンプレックスによる心労が激しいのではないかという判断が「字形姓名学」からできます。

「姓名学」には、右のような四種の要素があり、重要度の順に並べると、

一．「音声」
二．「字義」
三．「字形」
四．「画数」

ということになります。

「密教」について

仏教の開祖、お釈迦様は、紀元前六世紀ごろインド北辺の貴族の家に生まれ、妻子をもうけましたが、道を求めて出家し、「悟り」によって仏陀と仰がれ、仏教が誕生しました。

仏教の根本の教えは、「四印」と呼ばれ、「諸行《しょぎょう》無《む》常《じょう》・諸法《しょほう》無《む》我《が》・一切皆苦《いっさいかいく》・涅《ね》槃《はん》寂《じゃく》静《じょう》」という四つの項目から成ります。

仏陀の死後も弟子たちは仏教を広め、理論面で大きな進歩があり、「五位七十五法」という分類法により、「諸法無我」つまり「我」＝「アートマン」が存在できないことを証明しました。この段階

の仏教を「有」といい、これは「存在」するものは「分類」できる、という考え方です。

ところが、どんな「存在」や「現象」でも「分類」はできますが、同じものでも「縁起」によって違う「分類」に入る、つまり物事の本質は「空」であるという理論が竜樹らによって展開されました。「縁起」の法則が「十二縁起」とも言われることは、先に述べました。

「有」と「空」の理論により「我」は完全に否定されましたが、インドには「輪廻《りんね》」という根強い思想があり、「我」が無いのにどうやって「輪廻」できるかを説明する必要が生まれます。この問題を解決したのが「識」の理論、すなわち「唯識論」であり、「輪廻」の主体が「唯識」であることを解明し、ある事象がどんな「縁起」であるかは、自分の立ち位置によって違うことを論証しました。


次に、インドの仏教では密教化が進みます。

「密」とは「タントラ」の漢訳で、「広げる」という意味ですが、もとは「織機」を表し、「縦糸と横糸」で連続させることを意味しました。

「密教」とは、仏教の発展の中で最高位の段階であり、「密」とは「秘密」のことではなく、「緊密」のことで、蓄積した知識を「緊密」にあつめて使うことを意味します。

「密教」は、現実を「悟り」の世界とみなし、神秘的な功法により、現実の煩悩を解決します。

インドでの仏教は、イスラム教徒の侵攻によって「密教」もろとも滅亡しました。

中国でも、仏教に対する弾圧は苛烈で、特に明朝では、元朝の国教であったラマ教ことチベット密教の流れを汲む「中国密教」は徹底的に弾圧されましたが、信者たちは密かに法灯を守り、チベット密教の教えをさらに進化させ、「干支」や「易卦」などの中国式「記号類型」も取り入れるようになり、特に江南地方の在家信者たちが、「南華《なんげ》密教《みっきょう》」という秘儀体系に仕上げました。

もともと密教には、「如来蔵」という、「六大如来」「八大菩薩」「五大明王」を記号化した「記号類型学」があり、「曼荼羅」という図形で表現されました。ところが「記号類型学」なら、「干支」や「易卦」を使う「道教」の「命・ト・相・医・山」のほうが優れた面が多々あり、「緊密」な知識を尊ぶ「南華密教」は、その採用を躊躇しませんでした。

名づけの注意点

「なまえ」には、「得するなまえ」と「損するなまえ」があり、「名づけ」に最も大切なことは、「凶格」の「なまえ」を避けることです。

本書は「字形」を中心とした名づけ方法を説明するものですが、「ひらがな」「カタカナ」「アルファベット」などで名づける場合、「字義」「字形」「画数」などは考慮する必要がありません。ただ「凶格」の「音声」を使わないだけで、「損するなまえ」をひとまずは回避できます。

ところが「漢字」を使うとなると、「損するなまえ」を避けるのも、そう簡単ではありません。「漢字」には、「字義」「字形」「画数」という要素が付きまとうからです。

特に現代の日本のように、誰でも漢字の意味を知っているような社会では、「字義」の重要度は非常に大きなものになります。

実は、人々が本能的に感じているのではないかと思えるのは、最近の子どもの名前や、企業名などで「漢字」を使わないものが多くなってきたり、難しい「漢字」を避けたり、逆に、難しい「漢字」を「音声」だけのために当て、「漢字」の意味を無視したような使い方をよく見かけるからです。

特にバブル崩壊ごろから、「トマト銀行」のような名前が成功している例があり、「トマト」のまねをしたのか、大銀行でも「さくら」「あさひ」「みずほ」などと柔らかい名前がつけられましたが、「トマト」がいかにも庶民的で、農民にも消費者にも馴染みやすいのに比べ、「さくら」や「あさひ」というのは、国花であり、日章旗のイメージであり、体制べったりで、企業の体質をそのままあらわしていることです。

「さくら」も「あさひ」も、すぐに散ったり消えたりしてしまうはかないものですが、銀行同士の合併、統合によって、やはりこの名前は長続きしませんでした。

その後、この手の名前で残っているのは「みずほ銀行」くらいになっています。この名前も「豊葦原瑞穂の国＝トヨアシハラミズホノクニ」から取っているので、やはり親方日の丸ですが、宝くじなどの既得権のおかげで潰れることもないようです。

元祖の「トマト銀行」は、その後も健在で、お隣りの広島「もみじ銀行」というのも残っています。

人名の場合でも、「ひらがな」や「カタカナ」だけで名前をつけますと、ほとんどその音声が与えるイメージだけで、名前の良し悪しが決定するようになります。現代の日本のように、普段の生活や、放送、通信など、「漢字」をイメージするひまもなく、「音声」のイメージだけで名前を認識する機会が多いところでは、「字形」や「画数」よりも重要な要素になるのは当然と言えます。

さらに分析するなら、「音声」によるイメージというのは、「音声」そのものが人間の感性に直接与える作用、つまり「心地よい音声」とか、「耳障りな音声」というようなものと、「音声」が「言語」としての意味を持って頭の中で作られるイメージとに分けられます。

「音声」による「姓名学」というのは、主に前者がその対象であり、後者のほうは、「字義」による

「姓名学」の対象になります。

もし、「音声」により、常にその意味が「漢字」としてイメージされるとすれば、「字義」のほうが重要ということになりますが、いつもそうとは限りません。

「姓名」の「字義」によって、その人のイメージが影響されることは、心理学を持ち出すまでもなく、常識的に誰でも感じることですが、ある「漢字」の意味は、時代によって変遷があり、字体も、現代中国式の略字や、日本式の当用漢字の略字のように、原形とはかなり異なったものもあります。

たとえば、「万」という字は、「萬」という字が本字ですが、この「萬」は、もともと「さそり」を意味する文字だったものが、万を意味する数字に変わってしまったものです。

すると、「万由子」や「万里子」のように「万」の字を使う名前は、「万」と書く限りは、音声を借りただけのもので意味を感じないか、そのまま、数が多いと感じるかどちらかであり、「さそり」をイメージする人はまずいません。ただ「万里子」という名前を見ると、ずいぶん遠い道程なので、目標の達成が困難と感じることはあるでしょう。これは「遼」とか「遥」といった名前と同様です。

ところが、日本でも戦前までは、「萬」という字のほうが普通であり、今でも、有価証券の記載には、「萬」の字を使うことになっています。

「万」という漢字を見て、「萬」という字をイメージする人がいるわけで、そうなると、「萬」が「さそり」の意味であることを知らなくても、この字形に含まれる刺々しさは、何となく感じてしまい、その人のイメージに重なってしまうことがあります。

また、「白」と書いて「百」に一本足りないから「つくも＝九十九」と読ませることがありますが、「白」とか「つくも」とかいう名前は「一本足りない人」というイメージにつながりかねません。

同様に、「木」という字は、「本」に一本足りない、「里」という字は「理」に「玉」が足りない、

「毎」という字は「海」に「水」が足りない、など、マイナスイメージとなり、これらの文字を名前に使うと、何かが足りない人物という印象を持たれたり、本人が不平不満の多い人になったりする可能性があります。

その他にも、「反意」つまり、逆の意味の文字が使われてしまう場合があります。

例えば、女性で「陽子」という「名」の人がいますが、ものごとを「陰陽」に分けると、男性が「陽」、女性が「陰」にあたることは世界共通の認識であり、しかも、本来「子」は男子を意味しますから、女性に「陽子」と名付けることは、無理があることに間違いありません。

女優には「陽子」がかなり多く、「山本陽子」「島田陽子」「野際陽子」「夏樹陽子」「浅茅陽子」「南野陽子」など、いずれもある程度までは売れていますが、素質からすれば、もっと売れても良いように思えます。「島田陽子」は「島田楊子」と改名したようですが、「つま楊枝」みたいであまり感心しません。

男性では前述した「慎太郎」のように「漢字」の組み合わせがおかしいものが見られます。その他にも、「恭雄」は、「恭順」の「恭」と「英雄」の「雄」ですから、ほとんど正反対の意味になっており、このように、意味が矛盾すると、人にちぐはぐな印象を与えてしまいます。

外国語で別の意味になってしまう「なまえ」も注意が必要です。

中国語で、

「花子」は乞食

「公司」は会社

「亀」は妻を寝取られて手も足も出ない人

「鮎子」はなまずの子

というように、日本語と同じ漢字を使っていても、意味が違ってしまう場合があります。

これは、言い出せばきりのないことで、英語圏で、

「シホ」は「ＳＨＩＴ・ＨＯＴ」（クソ暑い）、

「雄大」は「ＹＯＵ・ＤＩＥ」（死ね）、

「優作」は「ＹＯＵ・ＳＡＣＫ」（クビ、泥棒、ＦＵＣＫ）、

など、意地悪な耳で聞けば、そう聞こえる例は、いくらでもあるでしょう。

しかし、世界には、中国語と英語以外にも、何百何千という言語があり、生まれたばかりの子どもが、いったい将来どこの国の人と知り合い、取り引きし、恋愛し、結婚するか、なかなか予測できるものではありません。

何となく変な名前

小田マリ（おだまり）　大沢理奈（おおさわりな）

長田マリ（おさだまり）　福本理奈（ふくもとりな）

水田マリ（みずたまり）　川本理奈（かわもとりな）

金子マリ（かねこまり）　芳賀　唯（はがゆい）

多田典子（ただのりこ）　浅香　唯（あさかゆい）

吉野理奈（よしのりな）　甘利優奈（あまりゆうな）
関　辰代（せきたつよ）　大原辰代（おおはらたつよ）
安藤奈津（あんどーなつ）　佐藤俊男（さとうとしお）

右のような例は、まだいくらでもあると思いますが、これも、ことさら意地悪な見方をしなければ、別にどうということもありません。

年子（としこ）　↓　年子（としご）
玉子（たまこ）　↓　玉子（たまご）
里子（さとこ）　↓　里子（さとご）
優奈（ゆな）　↓　湯女（ゆな）

これらも、同様です。

もし、学校でいじめの原因になるとか、気になる場合は、命名前に多くの人に見てもらい、チェックすることです。

田中角栄元総理が威勢のいいころ、そのまま「田中角栄」と命名された子どもがいましたが、ロッキード事件以後、学校でいじめられるようになり、裁判の結果、改名を認められたことがありました。いじめ、というのは、いじめるほうが悪いはずですが、それでもこういう名前は避けるほうが無難でしょう。

もう一つは、別に不祥事がなくても、名を借りた有名人が大物すぎると、借りたほうが貧弱に見えてしまう、という問題もあります。

改名の効果

「改名」の効果というと、疑問視されることが多いようですが、「姓名」というものは、使われてこそ作用や効果があるもので、たとえ戸籍名であっても、誰も知らなければ何の効能もありません。「改名」の場合は日常生活でいつもその名前を使い、みんなから改名した名前で呼ばれるようになれば、必ずその効果が出るようになります。

美術家の、妹尾河童という人は、日頃から徹底的にこの名前で通した結果、裁判所でも認められ、ついに戸籍名を変更することができました。

一般の人は、そこまでやらなくても、いつもその名前を使ってさえいれば、改名の効果は充分に得られます。

また、「読み方」だけで、「凶格」を「吉格」に変えることもできます。

例えば、「貴志郎＝きしろう」という「音声」は、「中凶格」の「飛宮格」を構成しますが、これを「たかしろう」と読めば、「中吉格」の「飛鳥跌穴格」に変えることができます。

名前の「読み方」は、裁判の必要もなく、役場の窓口で変更可能ですが、「名刺」に「カナ」をふるだけでも「改名」できてしまいます。

ただし、「健伸＝けんしん」のように、「字形」にも問題がある場合、「たけのぶ」などと読み替えただけでは解決しないこともあります。

このあたりのことは、前著『密教姓名学《音声篇》』により詳しい説明がありますので、ご参照ください。

第2章　字形分類と判断

《如来蔵》曼荼羅による字形分類

釈迦如来《しゃかにょらい》 ― 皿《さら》・衣《ころも》・衤《ころもへん》

品位があり身分地位が上昇しますが、下情に疎い、世間知らずなどの欠点があります。

成就如来《じょうじゅにょらい》 ― 木《きへん》・長《ながい》

智慧によって物事をまとめ成就させる良さがありますが、小賢しく見られる畏れがあります。

大日如来《だいにちにょらい》 ― 日《ひへん》・光《ひかり》

力強さや輝きを感じさせ、人々を明るく照らしますが、字形が重なると派手すぎになり、どたばたしたイメージがあります。藤原紀香は「日」が二つで少し派手。麻原彰晃は「日」が三つに「光」で派手すぎ、といった具合です。

宝生如来《ほうしょうにょらい》 ― 戈《か》・干《かん》

決断力と実行力があり、金銭に恵まれますが、思慮分別に欠け、利益を譲らないために争いごとが多くなります。

阿《あ》弥《み》陀《だ》如《にょ》来《らい》　―　冂《えんがまえ》・耒《すきへん》

大人しく、優しく、他人と和合しますが、弱々しくて、何でも押し切られる人。

薬《やく》師《し》如《にょ》来《らい》　―　卜《ぼく》・牙《きば》

正しさを好み、邪悪を憎んで妥協しない、厳しすぎる人。

観《かん》音《のん》菩《ぼ》薩《さつ》　―　广《まだれ》・禾《のぎ》

ゆとりがあり、大らかで、他人から狙われますが、あまりだまされることもない人。

月《がっ》光《こう》菩《ぼ》薩《さつ》　―　月《つき》・夕《ゆうべ》

「月」も「夕」も月の形を表わす図形であり、この字形を名前に使った場合、やすらぎ・清潔・優しさ・酷さ・純粋、純真、孤独、寂しげ、暗い、というイメージを与えます。

日光菩薩《にっこうぼさつ》 ― 犭《けものへん》・豸《むじなへん》・ム《む》

非常に現実的、実利的で、目的のために手段を選ばない貪欲な人。

虚空菩薩《こくうぼさつ》 ― 匚《はこがまえ》・艮《こん》

気配りが良い、秘密を守る、反面、疑い深く、隠しごとが多い人。

文殊菩薩《もんじゅぼさつ》 ― 目《め》・耳《みみ》

知識や情報、見聞が豊富で奉仕心が強いが、心がきれいすぎて邪悪なものを知らず、だまされやすい人。

普賢菩薩《ふげんぼさつ》 ― 几《つくえ》・耂《おいかんむり》

人を導いて統率し、指導、教育するが、ワンマンで強制的な指導の仕方をする人。

除障菩薩《じょしょうぼさつ》 ― 七《しち》・メ《め》

「七・メ」という形は、がんじがらめに制約を受けるというイメージがあり、保守的で安全第一となります。「姓」を除く「名」の中に、一つだけ「七殺」の「字形」があれば、分を弁えて余計なことに手を出しませんが、もし「姓」も含めて二つ以上の「七殺」がある場合は、臆病で、萎縮して何もできません。

弥《み》勒《ろく》菩《ぼ》薩《さつ》　―　石《いし》・母《ぶ》

スケールが大きく、豪快、豪放でこだわりがないが、無造作で粗野で破壊的なイメージ。

不《ふ》動《どう》明《みょう》王《おう》　―　火《ひへん》・金《かねへん》・非《あらず》・矛《ほこ》

力強く、妥協せず、信念を貫いて、ぶれないが、頑固で、力ずくで、ごり押しする人。

孔《く》雀《じゃく》明《みょう》王《おう》　―　文《ぶん》・廴《えんにょう》・聿《ふで》・瓦《かわら》

図形的に安定している上に、交叉や変化があって面白味があり、この字形を名前に持つと、実用的な学問を身に付け、いかにも知性的で、賢く、奥床しく、男性は温和、女性は可愛らしく見え、エレガントなイメージがありますが、粉飾的な雰囲気もあります。

軍《ぐん》荼《だ》明《みょう》王《おう》　―　イ《にんべん》・刂《りっとう》・弓《ゆみへん》・网《あみ》・罒《よこめ》

ひどく攻撃的で、刺々しい、という印象を与え、何となく可愛げがなく、自分でも知らない間に他人を刺激し、いつも陥れられたり、苛められたりするようになります。

愛《あい》染《ぜん》明《みょう》王《おう》　―　力《ちから》・才《さい》・阝《こざとへん》阜《おか》・阝《おおざと》邑《むら》

相手から許された距離まで近づいて、助けを得られます。情に流されてもトラブルになりません。

三《さん》世《ぜ》明《みょう》王《おう》　―　示《しめすへん》・羊《ひつじ》

「示」は図形的に非常に安定した形であり、堅実で足下を固め、力強く一歩一歩進んで行く、というイメージになります。

「子平」による字形分類

比《ひ》肩《けん》　―　比《くらべる》・寸《すん》

「比」というのは二人の人が仲良く同じ方向を向いている形であり、名前の中にこの字形があると、他人と仲良く協力しあうことが上手になる、図形心理学的効果が生じます。

「姓」を除く「名」の中に一つだけ「比肩」の「字形」があると、非常に穏健で平和的な人になりますが、もし「姓」も含めて二つ以上の「比肩」があると、他人との折り合いが悪く、孤立しやすい人になります。

劫財《ごうざい》 ― 彡《さんづくり》・川《かわ》・巛《まがりかわ》

「彡・川・巛」という、少々刺々しい「字形」が、「姓」を除く「名」に一つだけあると、凝り性で率直な人ですが、もし「姓」も含めて二つ以上の「劫財」がある場合は、少しの譲歩を足がかりに、際限なく要求を突きつける人になります。

食神《しょくじん》 ― 人《ひと》・入《いり》・𠆢《ひとがしら》

「人・入・𠆢」という形に守られるイメージから、人にやさしい、よく働く、収入源を作る、というような意味合いがあります。「姓」を除く「名」の中に、一つだけ「食神」の「字形」があれば、財源を開拓するのが上手ですが、もし「姓」も含めて二つ以上の「食神」がある場合は、金銭や利益のために身の安全や世間体などを忘れてしまいます。

傷官《しょうかん》 ― 凵《かんにょう》・尢《おう》

「凵」という形は、三方があって上がないから、押さえるものがなく、何でも飛びだしてしまうイメージがあります。「姓」を除く「名」の中に、一つだけ「傷官」の「字形」があれば、非常に切れ味が鋭い主張をする人ですが、もし「姓」も含めて二つ以上の「傷官」がある場合は、しきたりや目上に逆らい「傍若無人」という印象を与えます。

偏財《へんざい》 — 十《じゅう》・門《もんがまえ》

「姓」を除く「名」の中に、一つだけ「偏財」の「字形」があれば、他人の干渉を嫌い、非常によく働いて、無駄遣いしない人ですが、もし「姓」も含めて二つ以上の「偏財」がある場合は「惰弱無能」という印象を与えます。

正財《せいざい》 — 貝《かいへん》・戸《とだれ》

「貝」という文字は、古代には貝を貨幣として使用していたことから金銭を意味し、コンスタントで安定した財運というイメージがあります。「姓」を除く「名」の中に、一つだけ「正財」の「字形」があれば、上手にチャンスを捉えて金儲けもできますが、もし「姓」も含めて二つ以上の「正財」がある場合は、チャンスがあっても力不足で思い通りに運びません。

七殺《しちさつ》 — 七《なな》・メ《め》

「七・メ」という形は、がんじがらめに制約を受けるというイメージがあり、保守的で安全第一となります。「姓」を除く「名」の中に、一つだけ「七殺」の「字形」があれば、分を弁えて余計なことに手を出しませんが、もし「姓」も含めて二つ以上の「七殺」がある場合は、臆病で、萎縮して何もできません。

正《せい》官《かん》 ― 宀《うかんむり》・攵《ぼくにょう》・攴《ぼく》

「宀」という形は「家」を意味し、家の中にいるから、おとなしい、礼儀正しい、温和、安全、というイメージを与えます。「官」という文字は家の中にいる軍隊という形であり、規律が正しいという意味の文字になっています。

「姓」を除く「名」の中に、一つだけ「正官」の「字形」があれば、品行方正で礼儀正しい人ですが、もし「姓」も含めて二つ以上の「正官」がある場合は、ミスを恐れて何もしない、小役人のような人になります。

倒《とう》食《しょく》 ― 厂《がんだれ》・彳《ぎょうにんべん》

「姓」を除く「名」の中に、一つだけ「倒食」の「字形」があれば、何にも囚われない自由人ですが、もし「姓」も含めて二つ以上の「倒食」がある場合は、現実から目を背けて、趣味や嗜好などに耽溺するようになります。

正印《せいいん》 ― 卩《ふしづくり》・氏《うじ》

「卩」は耳の形を連想させ、聞く耳をもつ、耳が早い、つまり必要な情報を早く手に入れる学問知識が豊か、というイメージにつながります。「姓」を除く「名」の中に、一つだけ「正印」の「字形」があれば、人気があって人望のある人ですが、もし「姓」も含めて二つ以上の「正印」がある場合は、ラッキーチャンスばかりを当てにして、自分からは何もしない人になります。

長生《ちょうせい》 ― 生《いきる》・甘《あまい》

「生」という文字は、「牛」の下に「一」、つまり地面がある形で、図形的に安定しており、行動が穏やかである、生き生きとしている、純粋で悪いことに染まらない、というイメージがあります。「長生」の字形が、「姓」を除く「名」に一つだけあれば、とても優しくて思いやりのある人ですが、もし、「姓」を含めて二つ以上の「長生」があれば、ひどく世間知らずな人になります。

沐浴《もくよく》 ― 氵《さんずい》・小《ちいさい》

「氵」は、どのつくりと組み合わせても、左が軽く右が重く、アンバランスで、陽軽陰重となり、良い面では、先進的で時代の先端を行く、新しいものについていける、悪い面では、移り気で新しいものばかり欲しがる、浮気症である、ということになります。

「沐浴」の字形が、「姓」を除く「名」に一つだけあれば、新しいものをどんどん取り入れ、日ごとに進歩する人ですが、もし、「姓」を含めて二つ以上の「沐浴」があれば、ひどく浮気性で定見を持たない人になります。

冠帯《かんたい》 ― 冖《わかんむり》・廾《にじゅうあし》

「冖」は、かんむりで、ふたをかぶせる形ですから、上手に自分の良いところだけを見せて、悪いところを隠す、つまり見栄えがよく、パフォーマンス上手と言えますが、その反面、見かけばかりで中身がともなわない、とも言えます。「冠帯」の字形が、「姓」を除く「名」に一つだけあれば、とても見映えが良くパフォーマンスがうまい人ですが、もし、「姓」を含めて二つ以上の「冠帯」があれば、表面ばかりで内実の伴わない人になります。

建禄《けんろく》 ― 示《しめすへん》・ネ《ねへん》・用《もちいる》

「示」は図形的に非常に安定した形であり、堅実で足下を固め、力強く一歩一歩進んでいく、というイメージになります。「建禄」の字形が、「姓」を除く「名」に一つだけあれば、現実的で地に足がついた人ですが、もし、「姓」を含めて二つ以上の「建禄」があれば、実利ばかり追求する潤いのない人になります。

帝旺《ていおう》 ― 王《おうへん》・爿《しょうへん》

勢いが良く、前向きでどんどん進んでいく、というイメージを与えますが、やりすぎる、極端すぎる、絶頂にあって最盛期が短いという印象になる場合もあります。

「帝旺」の字形が、「姓」を除く「名」に一つだけあれば、とんとん拍子に出世する人ですが、もし、「姓」を含めて二つ以上の「帝旺」があれば、ひどく自惚れの強い人になります。

衰《すい》 ― 亠《なべぶた》・止《とまる》

「亠」は円を描くコンパスの形状であり、正確でいつも安定した形から、冷静で落ち着いている反面、無気力、無関心というイメージを与えます。「衰」の字形が、「姓」を除く「名」に一つだけあれば、無欲で淡白な人ですが、もし、「姓」を含めて二つ以上の「衰」があれば、すべてに冷淡で無関心な人になります。

病《びょう》 ― 疒《やまいだれ》・歹《がつへん》

「病」の字形が、「姓」を除く「名」に一つだけあれば、物事に敏感で繊細な感覚の人ですが、もし、「姓」を含めて二つ以上の「病」があれば、神経過敏でセンチメンタルな人になります。

死《し》 ― 一《いち》・尸《かばね》

「一」という文字は、図形的に非常に安定して、動かない形ですから、この文字を名前に使うと、物事に動じない、一本筋を通す、自分の考えがしっかりして信念を曲げない、というイメージを与える反面、頑固一徹、融通が利かない、新しいものについてゆけない、いつまでも古い考え方に囚われる、などの欠点があり、「一」なら主に長所を示しますが、「二」や「三」となると、欠点のほうが目立つようになります。

「死」の字形が、「姓」を除く「名」に一つだけあれば、組織や流れに逆らわない人ですが、もし、「姓」を含めて二つ以上の「死」があれば、自分の考えで一歩も前へ進めない人になります。

墓《ぼ》 ― 土《つちへん》・田《た》

「土」は非常に安定した図形であり、堅実に物を貯える、伝統を守る、というイメージがある反面、頑固、保守的、古くさい、ケチ、という欠点も示します。「墓」の字形が、「姓」を除く「名」に一つだけあれば、伝統や因習をよく守る人ですが、もし、「姓」を含めて二つ以上の「墓」があれば、前例や伝統に囚われて何もできない人になります。

絶《ぜつ》 ― 糸《いとへん》・片《かたへん》

「糸」という文字には字義的な連想から、「切れる」というイメージがつきまといます。そこでこの字形を名前に使いますと、良いことも悪いことも切れやすい、つまり何でも長続きしない、という印象を与えます。「絶」の字形が、「姓」を除く「名」に一つだけあれば、過ぎてしまったことを気にしない人ですが、もし「姓」を含めて二つ以上の「絶」があれば、「気分屋で何でも継続できない人になります。

胎《たい》　―　月《にくづき》肉《にく》・屮《めばえ》

「胎」の字形が、「姓」を除く「名」に一つだけあれば、用意周到で手抜かりのない人ですが、もし、「姓」を含めて二つ以上の「胎」があれば、陰で不平不満ばかり言う人になります。

養《よう》　―　子《こへん》・又《また》

「子」という文字は、図形的に見ても子どものイメージであり、育てるのが苦労、しつけが難しい、という感じから、この字形を名前に使うと、扱いにくい、性格的に難しいという印象を与えます。ただし、女性名の「○子」のように非常に多く使われている場合は、その限りではなく、最近の子どものように、「子」のつく名前が珍しくなってくると、右のような象意が出てくるかもしれません。

「養」の字形が、「姓」を除く「名」に一つだけあれば、一人で百人分も努力する人ですが、もし「姓」を含めて二つ以上の「養」があれば、さんざん苦労する人になります。

「十二天将」による字形分類

貴人《きじん》　―　而《しかして》・白《しろ》

「貴人」の字形が、「姓」を除く「名」にあれば、品位があり、身分地位が上昇します。

螣蛇《とうだ》　―　虫《むしへん》・巳《み》

「名」にこの字形を使うと、しつこい、執念深い、トラブルが多い、ストーカー、などのイメージを与えます。

朱雀《すざく》　―　隹《ふるとり》・羽《はね》

「隹」という字は、平凡でない最高のもの、という図形的なイメージがあり、派手、聡明、知的、という連想につながりますが、欠点として、知性をひけらかす、他人を見下す、格好ばかりつける、という印象を与えます。

六合《りくごう》　―　口《くちへん》・豆《まめ》

円満なイメージがあり、これらの字形を名前に使うと、和合、温和、対人関係が良い、という印象を与えます。

勾陳《こうちん》　―　勹《つつみがまえ》・毛《け》

「勹」は何か抱え込んでも隙間が多い、という図形になっており、実直、正直、コツコツ努力する、というイメージがある反面、愚直、馬鹿正直、何をやっても無駄が多く効率が悪い、という悪い印象も与えます。

青龍《せいりゅう》　―　立《たつ》・士《さむらい》

現実的、力強い、男らしい、というイメージを与えます。「竜立」のように「立」が重なると、過剰に現実的で力に頼りすぎますが、「竜士」ならその良さが引き立ちます。

天空《てんくう》　―　八《はち》・气《きがまえ》

「八」は隙間が多い文字で、中身がない、空っぽ、という図形であり、青龍とは正反対に、空想、妄想、空虚、ありもしないものを求める、というイメージにつながります。ただし、さっぱりして痕を遺さないという良さもあります。

白《びゃっ》虎《こ》　—　儿《にんにょう》・爪《つめ》

争い、刃傷沙汰、出血、アクシデント、決断力がある、活動的、若々しい、というイメージを与えます。

太《たい》常《じょう》　—　巾《はば》・皮《かわ》

「巾」は、何にでも使える巾の広い布の意味で、非常に日常的なものを連想させ、平凡でありふれたもの、特殊でないものを好む、他人と違うことを嫌う、というイメージを与えます。

玄《げん》武《ぶ》　—　癶《はつがしら》・山《やまへん》

「山」はどっしりとして、何が隠れているかわからない、「癶」も、何かものが隠れて見えない、という連想があり、これらの字形を名前に使うと、どっしりして底が知れない、強そうで怖く見える、威圧感がある、ごり押しする、というイメージがあります。

太《たい》陰《いん》　—　月《つきへん》・夕《ゆうべ》

「月」も「夕」も月の形を表す図形であり、この字形を名前に使った場合、やすらぎ・清潔・優しさ・酷さ・純粋、純真、孤独、寂しげ、暗い、というイメージを与えます。

天后《てんごう》 ― 玉《たま》王《たまへん》・雨《あめかんむり》

優しい・可愛らしい、女性的、繊細、というイメージを与えます。

「神殺」による字形分類

桃花《とうか》 ― 艹《くさかんむり》・乙《おつ》

「艹」や「乙」は、草花の図形的イメージであり、この字形を名前に使うと、男女共に異性的な魅力を感じさせ、よくモテるようになります。異性関係が乱れるとも言われます。

金輿《きんよ》 ― 車《くるまへん》・缶《かん》

玉の輿や逆玉に乗るようなチャンスに恵まれます。

天姚《てんみょう》　―　女《おんなへん》・幺《いとがしら》

優しくて女性的な魅力があり、異性から好かれますが、そのためにトラブルが起こりやすくなります。

天刑《てんけい》　―　冫《こおり》・斤《おのづくり》

「冫」は、「にすい」とも言いますが、氷へんと言ったほうが良く、冷たい、冷酷、寂しいイメージがあります。

駅馬《えきば》　―　辶《しんにゅう》・走《はしる》

走る人。この字形を名前に使うと、非常に活動的で、じっとしていられない、いつも移動している、というイメージを与え、旅行のチャンスに恵まれます。

紅鸞《こうらん》　―　工《たくみ》・旡《すでのつくり》

「工」は、上中下の三本がうまく組み合っている形で、たくみ、技術者の意味。このような字形を名前に使うと、予期した以上の収穫が入る、人にメリットや幸福をもたらす、というイメージを与えます。

化《か》権《けん》　―　ト《うらない》・方《かた》

権力を握れる、第一線に立てるが、必要のない権力まで争う傾向があります。

化《か》科《か》　―　斗《と》・舟《ふね》

才能が発揮でき、試験に強いものの、勝負や比較にばかり拘る傾向があります。

化《か》忌《き》　―　心《こころ》忄《りっしんべん》・欠《あくび》

好き嫌いがはっきりする。理由なく何かを嫌います。心労が多くなります。

直《ちょく》符《ふ》　―　竹《たけかんむり》・业《くさむら》

曲がったことが嫌いで、いつも行いが正しい人。やや杓子定規で融通が利かない傾向がありますが、欠点と言うほどではありません。

九《きゅう》地《ち》　―　口《くにがまえ》・米《こめ》

地味な努力で収穫を得られます。

九天《きゅうてん》 ― 大《だい》・𡗗《はるのかしら》

力強く、魅力があり、威厳が感じられ、カリスマ性につながります。

「十干」による字形分類

		避けるべき字形
甲《こう》	一	庚
乙《おつ》	丨・ノ	辛
丙《へい》	丶	庚
丁《てい》	十・メ	癸
戊《ぼ》	扌・聿	

↓「〓」は原稿段階で読み取り不能です。

己《き》――口・口・田　　甲・丙・庚

庚《こう》――冂・凵・匚・冖　　甲・丙・庚

辛《しん》――八　　乙

壬《じん》――小・忄

癸《き》――亠　　丁

字形の十干分類は、主に印鑑のデザインに使われるもので、印鑑を使う目的によって、大きな効果を上げることができます。

しかし、「姓名」では、それほどの効能はなく、吉作用としては、決して大きなものではありません。

ただし、「奇門遁甲」の「中凶格」に当たる組み合わせができると、ひどい凶作用が現われることがあります。

青龍逃走―①乙、②辛―目上や大切な人を失うか、見放される。

白虎猖狂―①辛、②乙―悪い病気や交通事故に遭う。

熒惑入白―①丙、②庚―強引なやり方のために、入るべき利益を他人に盗られる。

太白入熒―①庚、②丙―強引なやり方で、他人の利益を壊してしまう。
朱雀投江―①丁、②癸―成績が上がらない。試験に落ちる。文書の間違いがある。
螣蛇妖嬌―①癸、②丁―濡れ衣を着せられる。
飛宮―①甲、②庚―一家の主人が家に帰れなくなる。帰る家や職場がなくなる。
伏宮―①庚、②甲―一家の主人が死ぬ。目上を失う。
戦格―①庚、②庚―争い、刃傷沙汰、手術など、一生に一度の大出血がある。

名前で「十干」の「字形」を使う場合、天盤と地盤の区別がないので、右のように、どちらが天盤か地盤でも凶格になる組み合わせが、特に注意すべき組み合わせと言えます。

中でも、「丁・癸」の組み合わせを持つ人が濡れ衣を着せられる事例がよく見られます。

癸＝亠と十＝丁は、形が似ており、また十は「七殺」でもあり、十が重なるだけでも濡れ衣やいじめに遭う可能性があります。

「十干」について

「干支《えと》」と呼ばれる、「十干《じゅっかん》」と「十二支」は、陰陽に分けることができ、「陽」が「兄」、「陰」が「弟」ということになっています。

「甲＝こう」は「陽」で「兄」であり、「五行」は「木」ですから、「木」の「兄」という意味で、「きのえ」と読みます。

「乙＝おつ」は「陰」で「弟」であり、「五行」は「木」ですから、「木」の「弟」という意味で、「きのと」と読みます。

「丙＝へい」は「陽」で「兄」であり、「五行」は「火」ですから、「火」の「兄」という意味で、「ひのえ」と読みます。

「丁＝てい」は「陰」で「弟」であり、「五行」は「火」ですから、「火」の「弟」という意味で、「ひのと」と読みます。

「戊＝ぼ」は「陽」で「兄」であり、「五行」は「土」ですから、「土」の「兄」という意味で、「つちのえ」と読みます。

「己＝き」は「陰」で「弟」であり、「五行」は「土」ですから、「土」の「弟」という意味で、「つちのと」と読みます。

「庚＝こう」は「陽」で「兄」であり、「五行」は「金」ですから、「金」の「兄」という意味で、「かのえ」と読みます。

「辛＝しん」は「陰」で「弟」であり、「五行」は「金」ですから、「金」の「弟」という意味で、「かのと」と読みます。

「壬＝じん」は「陽」で「兄」であり、「五行」は「水」ですから、「水」の「兄」という意味で、「みずのえ」と読みます。

「癸＝き」は「陰」で「弟」であり、「五行」は「水」ですから、「水」の「弟」という意味で、

「みずのと」と読みます。

つまり、「陽干」は、すべて「〇〇え」と読み、「陰干」は、すべて「〇〇と」読みますから、ここから「えと」という言葉ができ、「干支」を「えと」と読み習わすようになったものと考えられます。つまり、本来は「えと」と言えば「十干」を表したはずなのですが、一般に「十干」というものは、十二支に比べるとなじみの薄いものらしく、いつのまにか、年の十二支を「えと」と呼ぶようになったようです。

「五行」ごとに陽干を「兄」、陰干を「弟」とするこの方法は、最初は、十干を覚えるために考え出されたのではないかという気がします。その限りでは、悪い方法ではないように思えますが、問題なのは、この方法ですと、十干というのは「五行」が分かれたもののように見えてしまうという点です。「十干」は、春秋時代に「陰陽五行説」が出るはるか以前の殷代、またはもっと前から使われているものであり、間違えようがないのですが、日本の学者が「五行」から「十干」ができたかのように考えてしまうのは、この「えと」が一役買っているのではないかとも思えます。

字形姓名判断例

例一	姓	麻原《あさはら》	名	彰晃《しょうこう》

麻……「广《まだれ》」観音菩薩と「木《きへん》」成就如来の字形。姓だけにある文字はあまり影響がありませんが、智に傾きすぎるのと、乱麻であり、混乱のイメージがあります。

原……「厂《がんだれ》」倒食と「日《ひへん》」大日如来に「小《ちいさい》」沐浴の字形。こちらも姓だけにある文字ですが、名にも大日如来の字形があると、吉の象意であっても過剰ということになります。

彰……「立《たつ》」青龍と「日《ひへん》」大日如来に「十《じゅう》」偏財と「彡《さんづくり》」劫財という字形。現実的、力づくで金銭を得ますが、使い方も派手で、いくら稼いでも金が出て行きます。

晃……「日《ひへん》」大日如来に「光《ひかり》」大日如来の字形。とても良い文字ですが、姓名全体では、大日如来が四つあり、いくら何でも光が過剰で、派手すぎるものです。

表面は派手に飾っても、内情は火の車となり、強引な方法で金銭を得ようとするようになりがちです。

例二	
姓	藤原《ふじわら》
名	紀香《のりか》

藤……「艹《くさかんむり》」桃花と「月《にくづき》」胎に、「人《ひと》」食神と「小《ちいさい》」沐浴の字形。姓だけにある文字はあまり影響がありませんが、異性的な魅力を感じさせる文字ではあります。

原……「厂《がんだれ》」倒食と「日《ひへん》」大日如来に「小《ちいさい》」沐浴の字形。こちらも姓だけにある文字ですが、名にも大日如来の字形があると、吉の象意であっても過剰ということになります。

紀……「糸《いとへん》」絶と「己《き》」螣蛇という字形。良いことでも悪いことでも長続きしないという印象を与え、過ぎたことには後悔しませんが、何かとトラブルが多くなります。

香……「日《ひへん》」大日如来に「禾《のぎ》」観音菩薩という字形。明るくて心に余裕のある、素晴らしい文字ですが、姓名全体では、大日如来が二つあり、光が過剰で派手すぎる印象となります。

全体として、派手に光り輝く名前ですが、「糸《いとへん》」絶の影響で結婚生活なども長続きしない傾向となります。

例三	姓	菅《すが》	名	義偉《よしひで》

菅……「艹《くさかんむり》」桃花と「宀《うかんむり》」正官に、「口《くちへん》」六合の字形。姓だけにある文字はあまり影響がなく、異性的な魅力を感じさせることもありませんが、名にこれらの象意が重なると、過剰な現象が出てきます。

義……「羊《ひつじ》」三世明王と「戈《か》」宝生如来に「才《さい》」愛染明王の字形。自分のものと他人のものをしっかりと区別しますが、手法が強引になりがちです。他人の力を得ることができます。

偉……「亻《にんべん》」軍荼明王と「十《じゅう》」偏財に「口《くちへん》」六合の字形。攻撃的で威圧感を与え、嫌われたり虐められたりするようになりがちです。金銭を得るために懸命に努力し、利害のためにはやや過剰な協調性も発揮します。

全体として、攻撃的で偉そうな印象を与える名前と言えますが、口＝六合が多いので、やや間抜けな印象も与えます。

例四			
姓	指原《さしはら》	名	莉乃《りの》

指……「手《てへん》」愛染明王と七殺に、「日《ひへん》」大日如来の字形。姓だけにある文字はあまり影響がありません。

原……「厂《がんだれ》」倒食と「日《ひへん》」大日如来に「小《ちいさい》」沐浴の字形。こちらも姓だけにある文字ですが、名にも大日如来の字形があると、吉の象意であってもひどく過剰ということになります。

莉……「艹《くさかんむり》」桃花と「禾《のぎ》」観音菩薩に「刂《りっとう》」軍茶明王いう字形。異性的な魅力を感じさせ、観音菩薩のおおらかな雰囲気で他人から狙われますが、攻撃的で刺々しい面もあり、簡単にやられることもありません。

乃……刀に似た形で螣蛇の要素もある字形。莉の「刂《りっとう》」もあって、攻撃的で可愛げがなく、執念深く、他人を攻撃したりされたりして、トラブルが多くなりがちです。

全体として、桃花と観音菩薩が異性的魅力を引き立てますが、言動が攻撃的になりがちで、敵も多くなります。

例五	姓	半沢《はんざわ》	名	直樹《なおき》

半……「手《てへん》」愛染明王と「八《はち》」天空の字形。姓だけにある文字はあまり影響がありません。

沢……「氵《さんずい》」沐浴と「尸《かばね》」死の字形。こちらも姓だけにある文字で、あまり影響がありません。

直……「十《じゅう》」偏財と「目《め》」文殊菩薩に「一《いち》」死という字形。独立心が強く勤勉で、非常に聡明で情報に通じ、一つのことに集中して筋を通す人です。

樹……「木《きへん》」成就如来と「土《つちへん》」墓に「豆《まめ》」六合と「寸《すん》」比肩という字形。智慧によって物事をまとめ上げ、前例や協調を重んじながら人和を計り、成就させる人です。

架空の人物ですが、登場人物の姓名には、作者のイメージが託されており、作者が姓名学を知らなくても、自然とキャラクターを表わす名前になるものです。

字形・人名漢字字典

通常、名前に使う漢字について、『康熙字典《こうきじてん》』の画数の順序で、字形から見た吉凶と、文字の意味も含めた注意点を列挙します。

有名人の名前を実例として列挙しており、実際にどんな効果があったかを、推測することができます。

次の「へん」や「つくり」の字は画数に注意してください。

「氵」(水) 四画　「水」(水) 四画
「犭」(犬) 四画　「扌」(手) 四画
「阝」(阜) 八画　「阝」(邑) 七画
「王」(玉) 五画　「王」(王) 四画
「月」(肉) 六画　「月」(月) 四画
「忄」(心) 四画　「艹」(艸) 六画
「辶」(辵) 七画

一画

一《イチ》

一＝死の字形。
いつも方針が一貫して人々に信頼感を与え、実力以上に評価される人が多い。
北一輝、小沢一郎、本田宗一郎、豊田喜一郎、朝永振一郎、南部陽一郎、福井謙一、田中耕一、田中義一、平沼騏一郎、鳩山一郎、小泉純一郎、宮澤喜一、鈴木一朗、榎本健一、萩本欽一、森田一義、中井貴一、北村一輝、遠藤憲一、沢村一樹、大竹一樹、小堺一機、堤真一、国分太一、山田太一、古谷一行、堂本光一、岡田准一、谷崎潤一郎、森村誠一、清水一行、渡辺淳一、池上遼一、星新一、堺屋太一、森進一、小池一夫、寛一郎
樋口一葉、吹石一恵、高山一実

乙《オツ》

不安定で人に安らぎを与えない。
乙＝桃花の字形。異性的な魅力を感じさせ、色情問題を起こしやすい。
加賀乙彦、乙武洋匡、ゲスの極み乙女
乙葉

二画

十《ジュウ》

十字路の象形から転じて数字の十となる。偏財で地道に努力。丁の字形でもあり、癸＝鍋蓋の字を避けること。

直木三十五、武藤十夢、椋鳩十、戸井十月、近衛十四郎、市川團十郎、伊丹十三、関本四十四

九《キュウ》

もとは杖の形。安定感はあるが、十に一足りない、物足りない、不平不満を感じさせる。傷官の字形で、表現力がある。

坂本九、源九郎義経、中村勘九郎、宮藤官九郎、阿部九洲男

人《ジン》

人間の意味であり、字形的に安定している。食神の字形。

山部赤人、大伴旅人、池田勇人、菅直人、萩原聖人、松本人志、大木凡人、八嶋智人、岡本信人、藤木直人、堺雅人、市原隼人、山崎賢人、緒方直人、岡本信人、谷隼人、竹中直人、伊達直人、古尾谷雅人、真木蔵人、赤塚真人、井口成人、中島健人

刀《トウ》

かたな。もともと武器であり、非常に刺々しい軍荼明王の字形。他人に攻撃的な印象を与える。自分に対しても攻撃的になりやすい。

小松帯刀

乃《ナイ》

女性名に使われるが「刀」に似て刺々しく、安心感がない。朧蛇にも似てトラブルが多い。姓にあるのは珍しく象意が出やすい。

かたせ梨乃、山岡久乃、木村佳乃、木村文乃、指原莉乃、乃南アサ、北乃きい

七《ナナ》

七殺の字形。自制心が強く制約を受けやすい人。軍人など、過酷な命令にも従う職業には適した名前となるが、姓名に七殺が重なると、自虐的になりがち。

深沢七郎、島田洋七

塩野七生、森七菜、藤田菜七子、佐々木七恵

二《ニ》

死の字形「一」よりも実力通りに評価される。分散している分だけ可能性が増す。

鶴田浩二、佐田啓二、奥田瑛二、織田裕二、坂口憲二、玉山鉄二、田中裕二、牧伸二、
小沢健二、沢田研二、玉置浩二、宮口精二、安井昌二、田宮二郎、稲川淳二、藤村俊二、
石橋正二郎、船越英二、井伏鱒二、小林多喜二、平松伸二、青木雄二、葉山良二、
赤塚不二夫、藤子不二雄、深作欣二、滝田洋二郎、岩井俊二、中村修二、君原健二、
原田大二郎、原田龍二、板東英二、平幹二朗、中川礼二、石丸健二郎、森末慎二、
阿部譲二、橋本大二郎、相米慎二、山本浩二、坂上二郎、福井謙二

八《ハチ》

もとは背中の形。逃げる。天空の字形。空間が多く安定感がない。

山岡荘八、長倉新八、清川八郎、泉大八、岡本喜八、藤田敏八、鬼塚喜八郎、岡八郎、
大倉喜八郎、榎本喜八、根津甚八、春日八郎、木村一八、江戸家猫八、小錦八十吉、
東八郎、浅野八郎、島田洋八、鳳八千代、中村八大、月亭八方、たこ八郎、薩摩剣八郎

力《リキ》

農具の形から。愛染明王の字形で、助力を得られる。左が空くので左が充実した字と組むと良い。

力道山、山本一力、竹内力、安岡力也、長州力、阿部力

了《リョウ》

おわり、という意味の字で、字義的に使い方に注意。字形バランスが悪く、不安定で、良くない。
岩松了、木村了、渡邊了太、森田了介、樋口了一、鈴木了二
了子（漫画家）

三画

三《サン》

一・二と同様「死」の字形だが、三つもあるといきすぎになり、変化がなさすぎる。保守的な官僚や補佐役、伝統芸、研究者、収集家などには適当。
小渕恵三、渡辺恒三、早坂茂三、北島三郎、加山雄三、伊丹十三、蟹江敬三、三瓶、川崎敬三、川谷拓三、河津清三郎、村上元三、林家三平、石倉三郎、直木三十五、大江健三郎、桂三枝、時任三郎、長塚京三、牟田悌三、金栗四三、小林久三、吉幾三、古川益三、古谷三敏、白土三平、望月三起也、岡田三郎助、高橋三千綱、柴田錬三郎、山本有三、石川達三、椎名麟三、北方謙三、嵐山光三郎、和久峻三、梅原龍三郎、松山善三、坂東玉三郎、阪東妻三郎、若山富三郎、高橋圭三、中山大三郎、監物永三、白井健三、ジェームス三木、安倍晋三、小山敬三、グッチ裕三
高峰三枝子、弘田三枝子、牧村三枝子、嵯峨三智子、夏目三久、森三中、青江三奈

久《キュウ》

永久、恒久、久しい、無難。形が左に傾いているので、右が重い文字と組み合わせるとバランスが良くなる。

東幹久、稲尾和久、小倉久寛、太宰久雄、生瀬勝久、森繁久彌、東久邇宮稔彦王、嶋田久作、黒澤久雄、十朱久雄、永瀬勝久、山下智久、小林久三、夢野久作

樋口久子、筑波久子、萬田久子、麻生久美子、相本久美子、秋吉久美子、遠藤久美子、藤吉久美子、岡江久美子、麻木久仁子、山岡久乃、小椋久美子、中田久美、中村久美、夏目三久、津村記久子、波乃久里子、水野久美、大場久美子、原久美子、田中美久

弓《キュウ》

軍荼明王の字形、武器の弓。攻撃的なイメージで人に緊張感を与え、安心感がない。

弓月光（漫画家）

大空眞弓、小野真弓、田中真弓、平岩弓枝、藤田弓子、五輪真弓、木村弓、福島弓子

丸《ガン》

「九」のイメージが強く、九に点でも十にはならず、十に一足りないので、いつも美中不足で、完成しきれない、挫折しやすい、物足りない感じがつきまとう。

武蔵丸、博多華丸、桂米丸、桂歌丸、亜仁丸レスリー、伊賀野影丸、河内家菊水丸、森蘭丸、日吉丸、塩田丸男、丸佳浩、五郎丸歩

己《キ》

原形は胎児。自己、おのれ。曲がりくねって見失いやすい。

長谷川博己、東直己、植村直己、諸星和己、三浦誠己、槇原寛己

士《シ》

男性器の形から成る象形文字。男の意味。武士。兵士。「青龍」の字形で堂々としている。形のバランスが良く、あまり攻撃的なイメージはない。

松本零士、宇梶剛士、岡本富士太、ウエンツ瑛士、森富士夫、美勇士、つるの剛士、常田富士夫、外山高士、水道橋博士、乾貴士、岸田國士、尾崎士郎、中村泰士、輪島大士

山本富士子、奈良富士子

子《シ》

子どもの象形。一本足の割りにバランスが取れている。字形で「養」に当たり、一生懸命努力するが結果がなかなか出せない人という印象。

子女というように、本来は男子の意味なので、女性につけると変かも知れないが、日本では、女性の名前に非常に多いので、あまりこれといった特徴が出ない。

例えば、陽子は、陰陽が陽で男性、子が男子で男性、女性には強すぎる名前。

小《ショウ》

原義は雨粒。意味からスケールの小ささを感じさせる。形が不安定。謙遜した使い方。

字形は「沐浴」でまだ新しい、これからの人というイメージ。心労が多い。

桂小金治、桂小米朝、柳家小さん、三遊亭小金馬、三遊亭小朝、芦屋小雁

吉永小百合、栗原小巻、山口小夜子、赤坂小梅、如月小春、小雪、久住小春

丈《ジョウ》

つえを突くのは年寄りか障害者に限るから、あまり良いイメージはない。

この字を下におくと、形も良くない。「七殺」の重なる字形で、自分を責める人。

大林丈史、鹿賀丈史、中島丈博

夕《ユウ》

三日月の形から、夕方の意味に転化した。非常に弱々しい感じの文字。
字形で「天后」にあたり、女性の魅力を感じさせる。

夏夕介
片桐夕子、工藤夕貴、轟夕起子、江夏夕子、藤森夕子、佐藤夕美子、穴井夕子

千《セン》

名前に使う場合、発音だけで、意味はあまり感じさせることがない。
字形は「偏財」で努力家。形が一本足で安定感に欠ける。

東千代之介、片岡千恵蔵、小籔千豊、堺左千夫、松山千春、岡千秋、松鶴家千とせ
三﨑千恵子、宮城千賀子、山咲千里、友里千賀子、新珠三千代、浪花千栄子、扇千景、佐藤千夜子、宇野千代、淡島千景、池脇千鶴、上山千穂、牛原千恵、鳳八千代、栗山千明、千秋、原千晶、松原千明、向井千秋、新山千春、久里千春、岸千恵子、倍賞千恵子、本間千枝子、小林千登勢、福島千里・森高千里・森下千里、中山千夏、大坪千夏、海原千里、伊調千春、玉城千春、坂下千里子、尾野真千子、井上八千代、賀来千香子、東山千栄子、岩本千春、上野千鶴子、島倉千代子

大《ダイ》

人が手を広げた形。安定感。「九天」の字形で威厳やカリスマ性を感じさせる。

宮川大輔、荒木大輔、加東大介、伊藤大輔、泉大助、松坂大輔、嶋大輔、高橋大輔、千葉雄大、李大浩、原田大二郎、色川武大、東出昌大、平岳大、隆大介、加勢大周、草野大悟、井深大、泉大八、鈴木大拙、中山大三郎、永井大、三浦大知、中林大樹、大悟（千鳥）、北野大、松本大、宮崎大輔、田中将大

萬万《マン》

主に発音の文字。「万里」のように意味を感じさせると望みが遠いイメージ。本字の「萬」は原義の蠍（サソリ）の感じがあり、使いにくい。

不破万作、伊丹万作

白木万理、高田万由子、宮崎萬純、紅萬子

也《ヤ》

締め括りの意味で用いる文字。今まで歩いてきた道をそのまま最後まで歩き通す。蠍（サソリ）の象形なので、多少刺々しさは感じることがある。

三橋美智也、渡哲也、愛川欽也、潮哲也、内田裕也、大和田伸也、沖雅也、小栗一也、梶哲也、加藤雅也、上川隆也、亀梨和也、黄川田将也、北大路欣也、小坂一也、誠直也、千田是也、高橋和也、高橋昌也、団しん也、長瀬智也、藤竜也、藤岡琢也、藤原竜也、古田敦也、別所哲也、三橋達也、山口達也、ゆうき哲也、上田晋也、阿佐田哲也、野村克也、江川達也、石井裕也、小林克也、丸山和也、二宮和也、手越祐也

園佳也子、山口美也子、有森也実、神田沙也加、都丸紗也華

与《ヨ》

→【與】十四画

四画

王《オウ》

地上に一人（一土）、大地に武器（干一）の象形。字形「帝旺」で尊大で横着になりやすい。形は安定感があるが「玉」に一点足りないので不満や愚痴が多い。

田中マルクス闘莉王

公《コウ》

口ひげの生えた老人。王公。おおやけ。軽快さに欠ける。窮屈。重苦しい。
空間が多く重みに欠ける。軽々しい。八＝天空とム＝日光菩薩の字形で刺々しい。
西園寺公望、小野川公三郎、北公次、奥村公延、荒谷公之、世良公則、長谷川公彦、
戸谷公次、森田公一、工藤公康、井上公造、萩野公介、安田公義、中坊公平、公文公
森公美子、吉野公佳、青地公美、中野公美子

介《カイ》

魚介類の介。よろい。独り善がりで、自分のからに閉じ込もりやすい。
バランスは悪くはないが、空間が空きすぎ。へ＝食神、八＝天空の字形。
月形龍之介、萬屋錦之介、東千代之介、いかりや長介、金田龍之介、佐々木蔵之介、
岸信介、岡田裕介、鮎川義介、福澤桃介、芦田伸介、三波伸介、加東大介、福留孝介、
川津祐介、風間俊介、神木隆之介、苅谷俊介、江口洋介、窪塚洋介、伊勢谷友介、
近藤洋介、斎藤洋介、砂川啓介、篠井英介、太川陽介、滝田祐介、谷原章介、隆大介、
中村俊介、夏木陽介、野呂圭介、待田京介、美木良介、山下規介、池畑慎之介、
大東駿介、浅利陽介、山田悠介、雫井脩介、貴志祐介、板垣恵介、浜圭介、渡辺俊介、
氷室京介、小出恵介、北島康介、入江陵介、萩野公介、夏目房之介、青柳裕介、
吉行淳之介、中里介山、木下恵介、石津謙介、市川昭介、芥川龍之介、満島真之介

元《ゲン》

もと、はじめ。字義は良い。上が重く下が細いので、上の字に使うこと。
一＝死、儿＝白虎の字形でやや刺々しい。
木村元、藤田元司、舟橋元、村上元三、谷繁元信、佐野元春、和泉元彌、高橋元太郎

五《ゴ》

原義は迷路に迷うこと。誤の原形。五は特に良い数字ではないので、低迷しやすい。

岸谷五朗、野口五郎、睦五朗、市川染五郎、尾上菊五郎、村上信五　山田五十鈴

之《シ》

主に「ゆき」と読むが、行くという意味はあまり感じさせない。やや不安定な形。

月形龍之介、萬屋錦之介、東千代之介、尾上菊之助、市川猿之助、片岡愛之助、
真田広之、長門裕之、金田龍之介、伊藤雄之助、中村梅之助、中村七之助、深沢邦之、
細川俊之、宮迫博之、矢部浩之、山田孝之、渡辺裕之、芦屋雁之助、三笑亭夢之助、
香川照之、板倉俊之、伊藤正之、今井雅之、太田博之、沖田浩之、神木隆之介、
中島久之、天野博之、土田晃之、馬場裕之、森川智之、阿部慎之助、佐々木蔵之介、
東山紀之、勝部演之、国広富之、小西博之、田口淳之介、五木寛之、池畑慎之介、
鈴木雅之、槇原敬之、浜口庫之助、古橋廣之進、夏目房之介、濱津隆之、荒谷公之、
阿川弘之、梶山季之、吉行淳之介、織田作之助、岡鹿之助、衣笠貞之助、五所平之助、
森雪之丞、豊島将之、井上堯之、福田善之、満島真之介

心《シン》

こころ。名前に使うといつも心労が絶えなくなる。
心＝化忌の字形。落ち着かない形。選り好みが激しくなる。

矢沢心、東野英心、犬童一心、草野心平、岡倉天心、寺田心、みやわき心太郎

仁《ジン》

試験に強く競争好きで優等生タイプになりやすい。「二」は「死」で一貫性がある。
イ＝軍荼明王の字形があるので、厳しく刺々しいイメージがつきまとう。

中山仁、水野雄仁、赤西仁、小沢仁志、片桐仁、佐藤仁哉、真山仁、辻仁成、斎藤仁、
北川悠仁、笑福亭仁鶴、片岡仁左衛門、秋篠宮悠仁親王
相澤仁美、麻木久仁子、新垣仁絵、佐藤仁美、中村仁美、仁科仁美、生天目仁美

斗《ト》

はかり、ます。「闘」の代字に使われ、闘争的なイメージになる場合がある。字形的にバランスが悪い。斗＝化科の字形。

生田斗真、永山絢斗、佐野勇斗、魔裟斗、桃田賢斗

日《ニチ》

太陽。明るく派手。本人の命式が軽いと、名前負けする。字形的には安定感がある。「今日子」のように中の字に使うと良い。

室田日出男、藤田和日郎、近藤日出造、神田日勝、前田日明

吉田日出子、市川実日子、岸田今日子、倉持明日香、小泉今日子、渋野日向子、

森田日記、佐伯日菜子、原日出子、杉浦日向子、桜井日奈子、樋口日奈、福田明日香

比《ヒ》

二人の人が同じ方向を向く象形。発音だけで意味はあまり関係ない。比＝比肩の字形で、右向きばかりの形なのでバランスに注意。

藤原不比等、芥川比呂志、井川比佐志、おおば比呂司

紀比呂子、古村比呂

友《ユウ》

左手と右手の関係、友和。性格的にも友和的。字形バランスも良い。

伊勢谷友介、三浦友和、駒野友一、大家友和、村松友視

佐藤友美、あいはら友子、板野友美、岩井友見、蛯原友里、岡崎友紀、黒谷友香、

二谷友里恵、毬谷友子、渡辺麻友、友近、松丸友紀、平手友梨奈、菅井友香

夫《フ》

足を踏ん張って天の上に頭が出た形。向上心が非常に強い。十＝偏財の字形、大＝九天の字形で、出世のために家族を顧みない。回りを犠牲にしても頑張る人。

三島由紀夫、北杜夫、長谷川一夫、梅宮辰夫、笈田敏夫、大塚明夫、成田三樹夫、伊藤左千夫、大塚周夫、おりも政夫、風間杜夫、金田明夫、川地民夫、北村和夫、小松政夫、堺左千夫、佐竹明夫、佐藤英夫、佐野浅夫、柴俊夫、清水将夫、砂塚秀夫、高島忠夫、筧利夫、田中明夫、中条静夫、塚本信夫、寺島達夫、徳光和夫、中村敦夫、浜田光夫、三島雅夫、村井國夫、八名信夫、吉田義夫、毒蝮三太夫、東国原英夫、三木武夫、福田赳夫、福田康夫、鳩山由紀夫、志位和夫、鳩山邦夫、盛田昭夫、稲盛和夫、藤沢武夫、舟木一夫、横山秀夫、内田康夫、井上真樹夫、江木俊夫、松山照夫、三波春夫、田端義夫、山田康夫、吉田竜夫、上村一夫、永山則夫、景山民夫、佐藤春夫、池田満寿夫、中井英夫、田中康夫

文《ブン》

字義的イメージ、字形バランスとも良い。派手さのある文字。
亠＝癸、メ＝丁の字形で螣蛇妖嬌を構成し、濡れ衣を着せられやすい。

菅原文太、小日向文世、寺脇康文、曽我廼家文童、桂文珍、高田文夫、伊藤博文、近衛文麿、堀江貴文、新井浩文、吉村洋文、山本文郎、大松博文、獅子文六
若尾文子、樫山文枝、范文雀、幸田文、平野文、木村文乃、マッハ文朱、桂木文

六《ロク》

亠（衰）と八（天空）からなるが、発音が「禄」に通ずるとして名前に使われる。

永六輔、戸浦六宏、関敬六、井出孫六、山本五十六、村田蔵六、斉藤清六、獅子文六、伊原六花、団鬼六、高木東六

予《ヨ》

発音のみで使う。武器の「矛」をさらにアンバランスにした形。刺々しい。使わないほうが良い。有名人の名前に見当たらない。伊予の国。

木《ボク》

樹木。成就如来の字形で、現実的な智恵でものごとを成就する人。本に一本たりないので、不足を感じることがある。隠居や雅号以外ではあまり使われない。

太《タ》

ふとい、大きい、はなはだしい。やりすぎ、いきすぎ。元は泰と同字で汰も同じ。周易の地天泰は、洪水で天地がひっくり返ること。安泰ではない。

瑛太、肝付兼太、菅原文太、杉本哲太、高畑裕太、萩原健太、峰竜太、八代英太、前田健太、森川正太、山里亮太、竜雷太、青島健太、岡本富士太、春風亭昇太、武市半平太、岡崎嘉平太、源氏鶏太、斎藤茂太、マルセ太郎、世志凡太、川野太郎、市川右太衛門、里見浩太朗、小沢栄太郎、高橋元太郎、遠藤太津朗、鈴木貫太郎、佐藤隆太、国分太一、清水健太郎、石原慎太郎、山田太一、堺屋太一、石ノ森章太郎、桂太郎、橋本龍太郎、麻生太郎、司馬遼太郎、西村京太郎、井山裕太、本田博太郎

秋野太作、梶原雄太、春風亭昇太、小栗虫太郎、山田風太郎、藤井聡太、正力松太郎、安井曾太郎、岡本太郎、浅利慶太、岩崎弥太郎、三國連太郎

土屋太鳳

月《ガツ》

月。美しいが、日月相会、明月黄花などと言うように、何かと比較されやすい。

戸井十月、菊池契月、島村抱月、湯浅桑月、川上秋月、江田五月

山本美月、谷村美月、山下美月、岡本奈月、小嶋菜月、辻村深月、室井佑月

五画

右《ウ》

みぎ。助け。人を助けやすい。形も右向き。偏財と六合の字形。努力と融和の人。

松岡洋右、市川右太衛門、市川右近、岡田圭右、片山右京

永《エイ》

永久、ながい。良いイメージ。字形はややアンバランス。

矢沢永吉、森迫永依、池上永一、監物永三

央《オウ》

秧（いねなえ）の原形。中央の意味より、音声を借りるだけ。字形的にバランスが良い。大＝九天の字形で威厳がある。

小林麻央、浅田真央、井上真央、大地真央、南沢奈央、平井理央、内田理央、魔夜峰央

加《カ》

左が鋤で耕す、右が口で、もっと耕す、増加させる。主に音声を借りるだけ。力＝愛染明王、口＝六合の字形で人懐こい。形は右がやや軽い。

工藤阿須加、米倉斉加年
岩崎加根子、榎本加奈子、岸本加世子、清水富美加、白石加代子、深浦加奈子、
山口紗弥加、大山加奈、中野友加里、美山加恋、西加奈子、秋元才加、神田沙也加、
八田有加、渡辺梨加

可《カ》

良い、という意味の中で一番下。秀・優・良・可、字形的に右に片寄り、左向き。
小林可夢偉
岡田可愛、樋口可南子、柳原可奈子、沢田知可子、小谷実可子

叶《キョウ》

かなう。字形バランスは悪いが、十干で丁己の仮炉、なんとか叶う。
叶姉妹

玉《ギョク》

宝石の意で吉文字。高く評価されやすく、何かと重宝がられる。
玉＝天后の字形で女性的な魅力。バランス良く安定感がある。
坂東玉三郎、川合玉堂
中村玉緒、安藤玉恵、清川玉枝、辛淑玉

玄《ゲン》

黒。不透明。もと。得体の知れない感じ。玄人のイメージ。
幺＝天桃の字形で艶かしさがある。
新田昌玄、米津玄師、杉田玄白

弘《コウ》

左が弓で、右が肘を張って弓を引く形。緊張感が強い文字。
字形は軍荼明王と日光菩薩で、ワンマンで強引、強欲なイメージ。
中曽根康弘、新井康弘、犬塚弘、松方弘樹、村上弘明、本木雅弘、藤岡弘、長田弘、
有吉弘行、佐藤弘道、義家弘介、松本孝弘、横路孝弘、佐藤和弘、井岡弘樹、藤原弘達、
広田弘毅、阿川弘之、横山典弘
桜町弘子、北川弘美、村地弘美、川上弘美

功《コウ》

工（たくみ）と力で、いさお。評価が高くなりやすい。形は右が重い。
工＝紅鸞と力＝愛染明王の字形で、収穫の多い人。
青木功、木村功、倉石功、豊原功補、橋爪功、橋本功、浜田雅功、本郷功次郎、
中内㓛、広瀬叔功、山本功児、棟方志功

巧《コウ》

たくみ。小賢しい、あざとい、イメージ。功のほうが良い。
ながやす巧

左《サ》

ひだり。たすけ。他人を助けるというよりは、他人の助けを借りやすい。
堺左千夫、伊藤左千夫、浮田左武郎、笹沢左保、小松左京、片岡仁左衛門、山本左近
上月左知子

史《シ》

記録の意味。除障菩薩の字形で自虐的な傾向。上に置いたほうが、バランスが良い。
松尾貴史、三上博史、山本耕史、大林丈史、岡村隆史、鹿賀丈史、日下武史、笹野高史、
佐野史郎、反町隆史、高橋悦史、塚本高史、長塚圭史、渡辺篤史、三善英史、伊藤淳史、
山野史人、石橋雅史、金児憲史、脇崎智史、稲垣隆史、加々美正史、田中弘史、嵐圭史、
並樹史朗、丸山敦史、酒井善史、吉川史樹、松永博史、村松利史、野口貴史、荒井敦史、
日下武史、三上真史、柏原収史、嶋尾康史、加藤清史郎、林剛史、三船史郎、小倉史也、
杉山和史、谷口高史、瀬戸康史、下元史朗、横溝正史、胡桃沢耕史、邦光史郎
西川史子、原史奈、米澤史織、加藤史帆

司《シ》

「同」の左が欠けた形。同は蓋のついた椀の形で、食事をともにする、同席する、和む、という意味。同が欠けるから、孤独になりやすい、和まない。

マギー司郎、石橋蓮司、今田耕司、殿山泰司、内海光司、遠藤賢司、大木正司、陶隆司、河西健司、島田順司、豊川悦司、中村錦司、藤田元司、水島新司、島田荘司、柳広司、鈴木光司、役所広司、吉川晃司、西山浩司、寺山修司、三宅裕司、的場浩司、北条司、大辻司郎、山下真司、柳広司、市川拓司、品川庄司、野島伸司、加藤秀司、城島健司、岡崎慎司、香川真司、木村和司、尾崎将司、森永健司、小峰隆司、松林慎司、福永光司、横田栄司、仲木隆司、関山耕司、田中哲司、早崎文司、増田順司、與真司郎、木村靖司、笠原竜司、島英司、滝波錦司、六角慎司、雨森雅司、小川真司、樋渡真司、富永研司、河西健司、宮根誠司、谷村新司、おおば比呂司

広《コウ》

↓【廣】十五画

四《シ》

もともと死体の意味であり、発音が同じだったので、数字に転用された。縁起かつぎで嫌われる数で、やはり使わないほうが良い。

伊東四朗、岸部四郎、近衛十四郎、松本幸四郎、稲村佐近四郎、関本四十四、金栗四三、豊田四郎、本多猪四郎、天草四郎、三四六、中村喜四郎、二葉亭四迷、岩井半四郎

本村三四子

市《シ》	矢《シ》	出《シュツ》	世《セ》
「肺」の原形であり、ものが出入りすることから、市場の意味に転用された。 亠＝衰と巾＝太常の字形で、無欲で庶民的な感じを与える文字。高貴さには欠ける。 **佐藤浩市、緒方孝市、齋藤武市、村山富市、宮崎市定、深浦康市** **神近市子、今市子**	音声を借りるだけのために使うことが多いが、字義的にも、字形的にも、刺々しさを感じさせ、トラブルが多くなる。 **武田鉄矢、仲代達矢、城卓矢** **川原亜矢子、沢田亜矢子、関谷亜矢子**	東洋的に、出ることはあまり良いイメージにならない。 形は安定しているが、山＝玄武の字形が重なるので、圧迫感がある。 **室田日出男、近藤日出造、長部日出雄、恩地日出夫** **原日出子、吉田日出子**	女性名によく使われるが、「代」よりも字形的にバランスが良く、上品な感じになる。 「十」＝丁の字形が多いので、癸＝「亠」の字形と組まないように注意。 **天本英世、川崎麻世、小日向文世、乱一世、杉本英世、那珂通世、野口英世** **原田知世、岸本加世子、涼風真世、相沢紗世、柴田倫世、吾峠呼世晴**

正《セイ》

分解すると「一止」となり、止まったまま打開できない、何をやってもその場で止まってしまう、発展がない。信念があるが空回りしやすい。うつになりやすい。

渡辺正行、石井正則、石橋正次、市村正親、神田正輝、草刈正雄、小松方正、横溝正史、近藤正臣、近藤芳正、大木正司、桑山正一、永瀬正敏、火野正平、大門正明、平井和正、松任谷正隆、島田正吾、田口浩正、堺正章、定岡正二、下條正巳、佐藤正宏、桂正和、森川正太、澤田正二郎、田村正和、窪田正孝、細谷佳正、曽田正人、車田正美、畑正憲、徳弘正也、若林正恭、山崎邦正、周防正行、松方正義、林家正蔵、上田正樹、三條正人、後藤田正晴、立原正秋、篠田正浩、今井正、小田和正、西城正三、高中正義、吉田正、安岡正篤、由井正雪、楠木正成

白洲正子、川田正子

代《ダイ》

イ＝軍荼明王とメ＝七殺の字形で、刺々しい。バランスも不安定な感じ。世代、代替わり、というように、変わる、代わる、という意味があり、不安定なイメージ。

東千代之介、家城巳代治

田中絹代、十朱幸代、浅香光代、浅田美代子、浅利香津代、新珠三千代、岩本多代、宇津宮雅代、大楠道代、大久保佳代子、鳳八千代、大山のぶ代、勝間和代、亀井光代、木暮実千代、白石加代子、寿美花代、万里昌代、本間千代子、松尾嘉代、山崎静代、赤座美代子、麻生美代子、芳本美代子、高橋佳代子、角田光代、井上八千代、松居一代、松友伊代、島田珠代、大桃美代子、庄野真代、田代美代子、島倉千代子、宇野千代、小林カツ代、森山加代子、野呂佳代

生《セイ》

いきる。字義的に良く、「長生」の字形で、形も安定感がある、良い文字。
高知東生、高橋一生、大沢樹生、岡田将生、川上量生、八木光生、伊藤生人、三好鉄生、
廣田行生、徳弘夏生、武藤章生、増田裕生、梅沢武生、柄本時生、平埜生成、池田生二、
楠本柊生、小村哲生、奥田民生、佳山明生、辻邦生、岸田劉生、井上康生、森一生、
有田芳生、三宅一生
桐野夏生、塩野七生、草間彌生、野上弥生子、島本理生、麻生圭子、岡本夏生、
沢松奈生子

布《フ》

左手に持つハンカチ。安っぽい。ごまかしが効かない。
メ＝七殺と巾＝太常の字形でバランスもあまり良くない。
岡田彰布
和由布子、三浦布美子、三瓶由布子

冬《トウ》

冬美、のように組み合わせ次第で、人から可愛がられる名前になる。
ただし、冬彦、などはイメージが悪くなる。
村上冬樹、牧冬吉、モト冬樹、岡部冬彦
白石冬実、坂本冬美、小椋冬美、上坂冬子

平《ヘイ》

字義的には、あまり象意がない。死、偏財、天空の字形。
形が非常に不安定で、境遇が安定せず、苦労、不平不満が多くなる。

東郷平八郎、中山晋平、火野葦平、内村航平、下川辰平、左とん平、赤瀬川原平、鉄平、
大谷翔平、蟹江一平、ひかる一平、三木のり平、火野正平、鈴木亮平、松田龍平、
大友康平、茂山逸平、左右田一平、渋谷哲平、椎名桔平、有田哲平、五味川純平、
浅井慎平、今村昌平、川田龍平、筒美京平、野末陳平、馬場正平、早野凡平、広中平祐、
藤沢周平、白土三平、竹中平蔵、立松和平、筒美京平、野村周平、間寛平、小栗康平、
西岸良平、三浦翔平、溝端淳平、高木新平、大岡昇平、小磯良平、林家三平・こん平・
珍平・たい平、福田平八郎、五所平之助

未《ミ》

発音だけで使うことが多い。未来はイメージが良いが、未だ来ないのは良くない。
希望が叶えられない。字形のバランスは良い。

森山未來、小川未明
未唯mie、麻倉未稀、麻生祐未、沖直未、志田未来、多部未華子、比嘉愛未、堤未果、
倖田來未、羽仁未央、増田未亜、川上未映子、小松未歩、橋本奈々未

民《ミン》

一般的、庶民的なイメージ、高貴なイメージには欠ける。字形的に上が重い、右向き。

奥田民生、川地民夫、景山民夫、中江兆民、原民喜、綿貫民輔
草刈民代

由《ユ》

「田」つまり畦道の上にさらに道が伸びており、まさに、自由のイメージ。字形的にも安定感があり、使いやすい。

三島由紀夫、鳩山由紀夫、高橋由伸、高橋由一

森尾由美、吉高由里子、若村麻由美、朝加真由美、荒木由美子、柏木由紀子、原由子、斉藤由貴、鶴田真由、釈由美子、白川由美、高田万由子、高橋由美子、清水由貴子、仲間由紀恵、野川由美子、星由里子、松下由樹、松尾由美子、松田美由紀、石川由依、小川眞由美、岡安由美子、堀江由衣、三瓶由布子、市川由衣、福田麻由子、香椎由宇、友近由紀子、村山由佳、倉田真由美、末次由紀、荻野由佳、横山由依、高林由紀子、黒木真由美、片山由美子、和由布子、横山由依、柏木由紀、有働由美子、長峰由紀、松任谷由実、岩井由紀子、小野不由美、桂由美、室伏由佳、久万里由香

立《リツ》

前向きで進歩的、かつ安定感がある良い字。「青龍」の字形で形のバランスも良いが、あまり名には使われていない。

志村立美

令《レイ》

命令の令。何々させる、という意味。「食神」「死」「印綬」の字形。左下の空間が大きいので、上の字に使ったほうが良い。「令子」は外見が良い。

田島令子、団令子、小野恵令奈、津島令子

礼《レイ》

→【禮】十八画

以《イ》

以上の以。〇を以て×とする、のように使われる。「食神」の字形を含むが、原型はで「朧蛇」に近い。トラブルの多い人。現代では音声のみで使う。

岡田以蔵、角倉了以

北原亞以子、黒川芽以、小栗有以、高美以子、西山真以

六画

安《アン》

家の中にいる女、安定、安らぎ。女性には良いが、男性には力不足の感。「正官」と「天桃」の字形で、形がやや不安定なので、上の字に使うこと。

坂口安吾、小津安二郎、長谷部安春、段田安則、田尾安志、岡留安則、山本安英、ミッキー安川

中川安奈、片岡安祐美、石田安奈

衣《イ》

主に音声のために用いるが、麻衣のように別の意味になることがある。釈迦如来の字形で象意も良い。

石田衣良

市川由衣、梶芽衣子、川上麻衣子、菊池麻衣子、夏川結衣、根岸季衣、新垣結衣、大島麻衣、倉木麻衣、茅野愛衣、出水麻衣、中原麻衣、堀江由衣、村川梨衣、白石麻衣、新内眞衣、堀江由衣、中村真衣、柴田亜衣

伊《イ》	宇《ウ》	会《カイ》	気《キ》	吉《キチ》
音声だけで、「これ」という意味のイメージはない。 軍荼明王＝陽刃「イ」の字形でトラブルを招きやすい。 木村伊兵衛、團伊玖磨、古舘伊知郎、青木伊平、藤原伊周 松本伊代	音声だけで、宇宙のイメージはない。 丹羽宇一郎、大浦龍宇一、田中宇 平野美宇、香椎由宇	↓【會】十三画	↓【氣】十画	士＝男性器と口で、良いことを表わす。士＝青龍の字形。 俗字の吉は、土と口で、字形が悪くなり、本来の意味が壊れてしまう。 宇野重吉、織本順吉、曾我廼家八十吉、高田浩吉、博多大吉、袴田吉彦、坂田三吉、 矢沢永吉、浜畑賢吉、金内吉男、上田吉二郎、牧冬吉、高田浩吉、中村吉右衛門、 豊臣秀吉、福沢諭吉、斎藤茂吉、小錦八十吉、徳田八十吉、車だん吉、朝吹三吉、 ピース又吉、吉幾三、レッド吉田

匡《キョウ》

はこ。箱の右側が開いており、玉が安全ではない。良いものを盗まれる。
字形的に右に向いておりバランスが悪い。

飯沢匡、永瀬匡、奥野匡

共《キョウ》

意味からも力強さを感じさせる良い文字。
字形的にも安定感がある。

神保共子

旭《キョク》

朝日。貪欲にどんどん伸びて行くイメージを与える。

小林旭、栗塚旭

圭《ケイ》

天子が封じた諸侯に与える玉。非常に高貴な意味だが、原義を知る人が少なく、土が重なっているようにしか見えない。

赤木圭一郎、岡田圭右、高峰圭二、田中圭、野呂圭介、山本圭、山本圭壱、高橋圭三、
東野圭吾、浜圭介、清水圭、戸崎圭太、大鳥圭介、土屋圭市
藤圭子、夏圭子、保田圭、飯田圭織、麻生圭子

冴《コ》

氷に牙で、冷たい、刺々しい。

氷室冴子、（野上冴子、園崎冴子、島津冴子＝アニメ）

伍《ゴ》

「五」に、軍茶明王の「イ」が加わり、さらに良くない字。
隊伍、伍長、のように軍隊のイメージ。

山城新伍、大内啓伍

光《コウ》

字義、字形的に非常に良く、そのイメージに合わないと位負けしやすい。「光輝」のように重なると、相当の命式でないと、負けてしまう。

横山光輝、及川光博、伊集院光、内村光良、太田光、堂本光一、浜田光夫、旭丘光志、弓月光、高木彬光、鈴木光司、島袋光年、森田芳光、米内光政、青木光一、梶光夫、吉田光彦、井上光晴、嵐山光三郎、入江波光、尾形光琳、岩合光昭、高村光雲、高村光太郎、明智光秀

草笛光子、鈴木光枝、亀井光代、浅香光代、水戸光子、角田光代、木原光知子、森光子

好《コウ》

親しみやすいが、ただの女の子、と見えるので、安っぽい感じを与える。艶かしさはあるが、字形も左右に割れており、安定感がない。

田中好子、石井好子、竹内好、西舘好子

考《コウ》

原義は「老」と同じ。腰が曲がったイメージ。

耂＝普賢菩薩の字形で統率力につながる。形のバランスが悪い。

亘《コウ》

めぐる、わたる。「二」と太陽で構成され、良い字のはずだが、上下に「二」があり、板挟みになり、身動きが取れないイメージ。

竹下亘、久保亘、山本亘

行《コウ》

ゆく。バランスの良い文字で、下の字に使いやすい。倒食の字形＝自由人。

萩原流行、永島敏行、古谷一行、西田敏行、阿部信行

成《セイ》

↓【成】七画

合《ゴウ》

名前では「百合」以外ではあまり使われないが、人と合う、という字義が良く、人＝食神、口＝六合の字形で、バランスの良い文字。

吉永小百合、岩井小百合、宮本百合子

糸《シ》

細い、弱々しい、薄幸なイメージ。糸＝絶の字形で、良いことが長続きしない。

原田糸子、西郷糸子

至《シ》

終点、限界、のイメージ。死・日光菩薩・墓の字形、あまり使いたくない字。

小林至、棚橋弘至、丘灯至夫

次《ジ》

つぎ。いつも次、まだ。字形的に左が軽い。

氷へん(天刑)に、欠(化忌)だから、冷たい、冷遇、物足りない。

高田純次、高田次郎、石原裕次郎、菅原謙次、加藤浩次、蛍雪次朗、小泉進次郎、北公次、金子正次、石橋正次、大河内傳次郎、真山譲次、本郷功次郎、田中要次、佐藤蛾次郎、岡田英次、清水宏次朗、早川徳次、若槻禮次郎、山田洋次、牛次郎、新田次郎、浅田次郎、赤川次郎、灰谷健次郎、大佛次郎、斎藤次郎、白洲次郎、田沼意次、梶井基次郎、浅沼稲次郎、堤康次郎、市川左團次、森田拳次、中上健次、梨本謙次郎、石坂洋次郎、小六禮次郎、篠塚建次郎、浮谷東次郎

朱《シュ》	収《シュウ》	充《ジュウ》	匠《ショウ》	舟《シュウ》
朱筆は添削の意味。他人の間違いを直し指導する。うるさいイメージ。 字形で牛の天喜が含まれ、得することが多い。「朱美」は美人に見える。 **三浦朱門** **マッハ文朱、浜田朱里、あゆ朱美、浜尾朱美、高橋朱里、吉田朱里**	右手でものを取り入れる、収める。がめつい印象。 字形的に上が重い。 **久野収、蛭子能収、適菜収、重松収、柏原収史**	みつる。あてる。補充する。欠点を補う。衰＝淡白・日光菩薩＝貪欲・白虎＝活動。 字形バランスも悪くない。 **山口智充、あだち充、村田充、唐橋充、蛭田充** **高畑充希、重泉充香**	箱が三方塞がりで、右が開いて安全でもない。 虚空菩薩の中に斤（おの・天刑）があって刺々しい。 **朝倉匠子**	ふね。小船が大海を漂う頼りないイメージ。自由はある。 **雪舟、花柳幻舟、速水御舟**

旬《シュン》

十日間。一ヶ月を上旬、中旬、下旬に分けた時間単位。
日本では、季節性の強い食物の味が良い期間を言う。売り出し中の新人を例える。
小栗旬

巡《ジュン》

めぐる。劫財に駅場で、よく動き回って、なんらかの収穫を得る人。巡査。

庄《ショウ》

小さな村の意味。悪いイメージはない。
まだれ＝観音菩薩と土＝墓で字形象意も良い。
品川庄司、増本庄一郎、松島庄汰

臣《シン》

奴隷が目を剥く象形で、奴隷の意味。へりくだって大臣などと言う。
宮仕えには良いが、結局、あまり伸びないことが多い。
副島種臣、近藤正臣、細野晴臣、陳舜臣、高橋光臣

尽《ジン》

→【盡】十四画

全《ゼン》

字形的に「金」に点が欠けた形。
全うする意味なのに、かえって不足を感じてしまう。チャンスを逃す。
左卜全、宍戸大全

壮《ソウ》	早《ソウ》	多《タ》	竹《チク》	兆《チョウ》
男のさかり、壮年。しょうへん＝帝旺に、土＝墓で安定した字形。 **大宅壮一、富元壮吉、式場壮吉、田口壮**	十字路に日が昇る形。早朝。左右のバランスがとれた文字。 大日如来に偏財の字形。 **北林早苗、高杉早苗、高岡早紀、土田早苗、中原早苗、鈴木早智子、北澤早紀、城之内早苗、上田早苗**	多いという意味よりも、三日月を重ねたイメージのほうが強い。多すぎる。 月＝月光菩薩の字形が重なるから、女性的、純粋、潔癖症、などの印象もある。 **小林多喜二、本郷奏多、村山槐多** **吉本多香美、木村多江、岩本多代、上原多香子、仁木多鶴子、河野多恵子**	松竹梅と言われるように、良いイメージの文字。 直符の字形だが、やや上が重い。曲がったことがきらいな性格。 **久保田一竹、高橋竹山、中村竹弥、カンニング竹山** **あき竹城**	きざし。良くも悪くもない意味。白虎の字形。不恰好。 **中江兆民、村田兆治**

伝《デン》

→【傳】十三画

凪《ナギ》

なぎ。上から蓋（普賢菩薩）を被せて、止める＝衰。
発展性のない字。
遠野凪子、塚本凪沙

年《ネン》

原義は収穫。今では時間単位の年以外の意味を感じることがない。
他の良い文字と組み合わせると、非常に良いイメージを与える。
林成年、米倉斉加年、黒沢年雄、島袋光年、三浦泰年
樋口年子

帆《ハン》

巾＝太常、几＝普賢菩薩の字形だが、凡なので平凡にすぎる。
大洋に漂う帆のイメージで、頼りない、無気力、無軌道、非行、放浪、など。
白石美帆、とよた真帆、野波麻帆、小西美帆、悠木千帆、山口真帆、吉岡里帆、
加藤史帆

妃《ヒ》

「女」がついているので艶かしさがあるが、つくりが頼りない。
「己」は螣蛇で、トラブルに遭いやすい。
盛田幸妃、鈴木美妃

百《ヒャク》	名《メイ》	有《ゆう》	吏《リ》
数値というより、数が多い、十分、という意味。 字形的にも安定感がある。志がある、気位が高い、イメージ。 **安藤百福、内田百閒、平福百穂、倉田百三** **山口百恵、吉永小百合、岩井小百合、上西小百合、小池百合子**	なまえ。良いイメージの文字。 夕＝月光菩薩、口＝六合の字形で、女性的な魅力を感じさせる。 **芹澤名人** **内山理名、酒井彩名、清野菜名**	左手に肉を持った形。ある。良いイメージ。 字形バランスも悪くない。「希」や「紀」と組まないほうが良い。 **山縣有朋、藤村有弘、ダルビッシュ有、中村有志、有栖川有栖、有川博、山本有三** **岡田有希子、中江有里、蜷川有紀、内田有紀、安達有里、前田有紀、八田有加**	身分の低い役人。丈（つえ）を持って刺々しい。 字形で、丈は戊、口が己。己が戊に封じられて出てこられない。 **北川悦吏子、藤巻吏絵、井上依吏子**

七画

延《エン》

延が本字。のびる。悪い意味ではない。
止＝衰、えんにょう＝孔雀明王で、字形的にも悪くない。
高田延彦、奥村公延

完《カン》

おわり。必ずしも良いイメージとはいえない。
うかんむり＝正官で良いが、形は上が重い。儿＝白虎で活動、出血。
永尾完治

希《キ》

まれ、のぞみ。希薄というように、望みが薄いイメージ。
字形の「丁」が三つで「三火成災」自分を買いかぶって災難に遭う。
野村将希、保阪尚希、乃木希典
堀北真希、天海祐希、後藤真希、樹木希林、岡田有希子、高畑充希、原田夏希、
矢田亜希子、加藤夏希、久野綾希子、石川真希、佐々木希、八木優希、村山彩希、
辻希美、門倉有希、南美希子、八木亜希子、与田祐希、髙畑結希

杏《キョウ》

あんず。字義は良いが、字形的に「呆」を逆さにした形。また「口」が大きすぎるので、
間抜けな感じ。男は失言、女は身を失う。
鈴木杏樹、鈴木杏、江波杏子、杏、石橋杏奈、入山杏奈、有安杏果、中川杏奈、
坂口杏里

亨《キョウ》	均《キン》	吟《ギン》	君《クン》	吾《ゴ》
とおる、すすめる。良い意味。 なべぶた＝衰の字形で冷淡、上が重く、下が不安定。 **武内亨、正力亨**	ひとしい。平均、均等、均一。 庶民的なイメージで、あまり目立たない。 **石井均、大前均、高木均**	うめく。愚痴っぽい、いつも下積みでうだつの上がらないイメージ。 字形的にもアンバランスな感じ。 **前田吟**	君主の意味。人称＝あなた。 字形バランスも悪くないので、組み合わせ次第。 **真行寺君枝、大杉君枝**	われ。五（誤の原形）に口で構成するから、間違った言葉が口から出る。 字形的に口が大きく開き、間の抜けたイメージ。 **大石吾朗、伊吹吾郎、山田吾一、島田正吾、香取慎吾、柳沢慎吾、鶴見辰吾、稲垣吾郎、清水章吾、葛山信吾、高良健吾、東野圭吾、黒岩重吾、坂口安吾、隈研吾**

克《コク》

勝つ、克服する。字義が良く、十＝偏財の字形で、バランスも取れている。

小林克也、新克利、植草克秀、伊藤克信、大山克巳、横光克彦、高橋克典、大友克洋、
広澤克実、野村克也、美樹克彦、日比野克彦、西河克己、本木克英、内橋克人、
大野克夫、服部克久
金井克子

江《コウ》

揚子江のように、流れの中で最も大きいもの。スケールが大きすぎる。
分相応のところにおさまらない。工＝紅鸞・氵＝沐浴の字形。

司馬江漢
裕木奈江、木村多江、佐藤江梨子、南美江、桂木梨江、佐々木すみ江、都家かつ江、
山口美江、高田敏江、島村佳江、一谷伸江、正司花江歌江、大谷育江、あべ静江、
藤原義江、内海好江、宮澤佐江、増山江威子、夏川静江、正司敏江

孝《コウ》

分解すると、土、ノ（くわ）、子、となり、鍬を持って子を埋める形。
子が親の犠牲になる象であり、自分は親孝行だが、自分の子には背かれる。

竹鶴政孝、頭師孝雄、竹本孝之、鹿内孝、小泉孝太郎、山田孝之、俵孝太郎、南佳孝、
陣内孝則、榎木孝明、緒方孝市、狩野英孝
岡村孝子、重森孝子

宏《コウ》

広い。字義が良く、バランスも取れており、問題ない。
正官・七殺・日光菩薩の字形で、自制心のある貪欲。
高嶋政宏、関口宏、関口知宏、美輪明宏、芦野宏、南原宏治、久米宏、名和宏、
清水宏保、吉村明宏、野村宏伸、清水宏次朗、佐藤正宏、松岡昌宏、中谷彰宏、
高橋幸宏、荒俣宏、野間宏、新井宏昌、石毛宏典、岩田宏
岩崎宏美、中島宏海、長崎宏子

佐《サ》

たすけ。よく人から助けられる。
イ＝軍荼明王の字形があり、刺々しいイメージ。
井川比佐志
西田佐知子、原知佐子、北原佐和子、国分佐智子、田中美佐子、田中理佐、宮澤佐江、
渡辺美佐子、阿川佐和子、榎本美佐江、立花理佐

作《サク》

作る。字義的には良い。イの除障菩薩の字形で刺々しい。、左が軽い。
松田優作、吉田栄作、佐藤B作、森田健作、秋野太作、嶋田久作、池内万作、池田大作、
佐藤栄作、織田作之助、夢野久作、吉野作造、伊丹万作、遠藤周作、高杉晋作、
千葉周作、野村万作、不破万作、島木健作、尾形大作

志《シ》

士（さむらい＝青龍）の心で、こころざしの意味。字義は良い。
心＝化忌の字形を含む字は、心労や悩み事が多くなる。
忌野清志郎、中村有志、岸田敏志、伊原剛志、大坂志郎、江幡高志、八波むと志、
芥川比呂志、内藤剛志、神保悟志、西川弘志、井川比佐志、松本人志、稲葉浩志、
立川談志、志の輔、田中卓志、本宮ひろ志、中川大志、古川登志夫、小林清志
古今亭志ん生、志ん朝、椎名高志、佐藤篤志、岩隈久志、多村仁志、山田久志、
大黒将志、大坂志郎、田中卓志、新庄剛志、田尾安志、芥川也寸志、氣志團
藤村志保、高野志穂、池波志乃、岩下志麻、津山登志子、若林志穂、真帆志ぶき

秀《シュウ》

禾＝観音菩薩の字形で作物、乃は熟す、秀でるの意。良の中でも最高に良い。
字形も良いが、爛熟、退廃につながるイメージもある。女子には注意。
滝沢秀明、中山秀征、砂塚秀夫、大滝秀治、永井秀和、長井秀和、植草克秀、野田秀樹、
吉岡秀隆、池田秀一、西島秀俊、小島秀哉、松井秀喜、伊良部秀輝、涌井秀章、
加藤秀司、吉田秀彦
高峰秀子、石川秀美

寿《ジュ》

→【壽】十四画

初《ショ》

衣を刃物で切りはじめること。いつまでたっても初め、発展しない。
ネ＝釈迦如来の字形に「刀」があるので刺々しいイメージ。
長谷川初範、山谷初男

助《ジョ》

原義は、よく見て鋤を動かすこと。今は、手助けの意味しか感じないので、重みのないイメージ。主役になれない。

島田紳助、伊藤雄之助、芦屋雁之助、鳳啓助、尾上菊之助、市川猿之助、片岡愛之助、中村橋之助、泉和助、雷門助六、岩崎弥之助、松下幸之助、阿部慎之助、宮川大助、三笑亭夢之助、浜口庫之助、衣笠貞之助、五所平之助、織田作之助

伸《シン》

畦道（田）が上下に伸びており、無理して背伸びする意味。

イ＝軍荼明王の字形があり、左が軽いので不安定。

山中伸弥、三波伸介、長谷川伸、辻井伸行、野島伸司、芦田伸介、御木本伸介、高嶋政伸、大和田伸也、安田伸、川合伸旺、宅麻伸、牧伸二、中村伸郎、南伸坊、石原伸晃、久保田利伸、福本伸行、平松伸二、和月伸宏

一谷伸江、古手川伸子

成《セイ》

成が本字。「戈《ほこ》」＝宝生如来と「𠃌」＝まさかりから成り、武力で成立させること。「平成」は武力で平らげて成し遂げる、という意味。

林成年、田山涼成、平泉成、井口成人、いしだ壱成、川端康成　安田成美

男《ダン》

田の力（すき・愛染明王）で、田を耕すから男の意味に転じた。助を得られる。

字形的に、上が重く、下が軽い。能力以上のことに手を出しやすい。

阿部九洲男、藤村富美男、室田日出男、須賀不二男、梅沢富美男、長谷川明男、原哲男、小林昭男、玉川伊佐男、土屋嘉男、常田富士男、高津住男、金内吉男、名高達男、稲葉義男、佐川満男、地井武男、山谷初男、小倉昌男、片岡義男、野村義男、男闘呼組、吉田義男、前田憲男、石川鉄男

町《チョウ》

「丁」は男の意味。男が田へ行く。女につけると反意となる。
字形的に左が重い。「町子」は街娼を連想させる可能性がある。

長谷川町子、曽我町子

杜《ト》

森の意味。ふさぐ、という意味もあり、行き詰まりやすい。
成就如来と墓の字形は問題ない。

北杜夫、風間杜夫

努《ド》

女の右手と鋤（力＝愛染明王）で、女奴隷まで農作業に駆り出すこと。
無理する。苦労の多い名前になる。無駄な努力。

亀山努

忍《ニン》

心の上に刃、残忍の忍。いつも忍耐を強いられ、心が傷つく。

坂上忍
中山忍、亀山忍、鶴田忍

兵《ヘイ》

丘を背にする陣地。兵隊、兵器。あまり良くないイメージ。
字形的に上が重い。

柴田恭兵、榎木兵衛、坂本新兵、上島竜兵、山本権兵衛

歩《ホ》

歩が本字。あゆみ、などと読ませることがあるが、あまり意味がない。
字形的に安定感がない。

南果歩

毎《マイ》	妙《ミョウ》	佑《ユウ》	邑《ユウ》	利《リ》
海に水がない形。物足りない、不平不満が多い。 音声が麻衣（経帷子）を連想させ、イメージがよくない。 滅多に使われない字。	たえ。女＝天桃の字形で、女性の魅力を感じさせる字。 タエという音声は月奇得使格で財運が良く、努力が報われる。 **西野妙子、大貫妙子**	人の助け。助けが得られる名前。イ＝軍荼明王の字形があり、気難しい人。 **本田圭佑、柄本佑、新田真剣佑、西山佑太、宇野宗佑** **津島佑子、室井佑月、野村佑香**	むら。集落。都市国家。特に良くも悪くもない字。あまり使われない。	禾＝観音菩薩の作物を、リ＝軍荼明王の刃物で刈り取ること。 利益は得やすいが、刺々しさを感じさせる。 **横光利一、舛田利雄、筧利夫、西沢利明** **新田恵利、神沢利子、小橋絵利子、武田絵利子**

里《リ》

意味よりも、音声「リ」のために使うことが多い。ほとんど女性名のみ。
上下ともに墓の字形だが、バランスは良い。結婚しても里に帰る。

大江千里
村上里佳子、前田美波里、仲里依紗、忽那汐里、中村映里子、蛯原友里、田中美里、
穂積由香里、山咲千里、山川恵里佳、純名里沙、星由里子、渡辺満里奈、上野樹里、
香里奈、松本友里、中江有里、田村英里子、二谷友里恵、葉月里緒奈、波乃久里子、
吉高由里子、真野恵里菜、深津絵里、牧瀬里穂、星野真里、吉岡里帆、篠田麻里子、
須田亜香里、福島千里・森高千里・森下千里、海原千里、坂下千里子、丸山桂里奈、
原田悠里、辛島美登里、矢口真里、杏里、吉田沙保里、知念里奈、楠田枝里子、
中村江里子

李《リ》

すもも。安い果物なので安っぽく見える。庶民的。
字形的に下が頼りない。

松坂桃李、知念侑李
川栄李奈、古川愛李、阿比留李帆、東李苑

良《リョウ》

「良」の上に点。抵抗して座り込む人を押さえつけること。
厳めしい、うるさいイメージ。障害には強い人。

池部良、服部良一、笹川良一、葉山良二、石原良純、宮内良、山口良一、内村光良、
半村良、石田衣良、三浦知良、天宮良、美木良介、玉川良一、荒川良々、加門良、
内田良平
佐久間良子、中野良子、市毛良枝、坂口良子、森山良子、岩崎良美、水谷良重、
大塚良重、新谷良子、榊原良子、宮脇咲良、南沙良

伶《レイ》

気がきくが玩具的な人間。太鼓持ち。イ＝軍茶明王の字形があり、刺々しい。
七尾伶子、松岡伶子

八画

亞亜《ア》

音声だけで使われるので、組んだ文字次第。形は安定感があるが、一＝死と、新字体では、罒＝軍茶明王の字形を含むため、強情になりがち。

川原亜矢子、沢田亜矢子、矢田亜希子、鈴木亜美、仁科亜季子、松浦亜弥、亜湖、水森亜土、城戸真亜子、加護亜依、安永亜衣、石川亜沙美、増田未亜、尾崎亜美、柴田亜衣、須田亜香里、大貫亜美、北原亞以子

依《イ》

人が服を着ること。頼る。依頼。
衣＝釈迦如来、イ＝軍茶明王の組んだ字形で、気難しい人。
仲里依紗、洞口依子、加護亜依、森迫永依、石川由依、横山由依、三宅亜依、上村依子

栄《エイ》

→【榮】十四画

延《エン》

→【延】七画

果《カ》

くだもの。結果。
田＝墓、木＝成就如来の字形で、成就する。結果が出る。
山口果林、南果歩、清原果耶、中原果南、有安杏果、八反安未果、中村果生莉

佳《カ》

よい、うつくしい。佳人。
イ＝軍茶明王の字形があり、刺々しく、トラブルに遭いやすい。
頭師佳孝、桑田佳祐、南佳孝、白井佳夫
三田佳子、村上里佳子、山川恵里佳、木村佳乃、島村佳江、吉野公佳、高見知佳、
喜多川美佳、三船美佳、園佳也子、奥山佳恵、大久保佳代子、高橋佳代子、阿澄佳奈、
高橋美佳子、三田友梨佳、西尾由佳理、梅田彩佳、村山由佳、堀奈津佳、上田春佳、
石川佳純、荻野由佳、秋篠宮佳子内親王、床嶋佳子、野呂佳代

岳《ガク》

本来は、山の上の丘で、高い山。カリスマ性を感じさせる。
字形も安定感があるが、重苦しさがある。
平岳大、渡辺岳夫、星岳雄、柴崎岳
北村岳子

学《ガク》

→【學】十八画

季《キ》

末の子。収穫の時危ないので稲を持たせておく。収穫の意味から季節に転じる。字形のバランスも取れる。「実」「美」などの文字と組むと字義が良い。

相武紗季、仁科亜季子、根岸季衣、池上季実子、前田亜季、島津季子、藤原季子、
大黒摩季、永里優季

宜《ギ》

よろしい。

うかんむり＝正官の字形で、下も安定しており、一番下の字に使うと良い。

立河宜子

京《キョウ》

みやこ。派手さがあり、洗練された感じを与える。形のバランスも取れている。

なべぶた＝衰・癸、口＝六合・己、小＝化忌・壬、冷淡な和合。

小松左京、西村京太郎、待田京介、長塚京三、片山右京、ゼンジー北京、氷室京介、
筒美京平、高畑京一郎、花紀京
鈴木京香、吉沢京子、小桜京子、香川京子、長谷川京子、戸川京子、青山京子、
嵯峨京子、三林京子、津田京子、有吉京子、桜京美、野村敏京、芳根京子、中島京子、
有吉京子、井上京子、京マチ子、齊藤京子

享《キョウ》

そなえる。享受。享年は享受した年数。悪い意味ではないが、あまり使われない。

衰＋六合＋養の字形で、形のバランスも良い。落ち着いた人のイメージ。

浅沼享子、松岡享子

供《キョウ》

そなえる。提供。あまり使われない。
イ＝軍荼明王の字形で、トラブルに遭いやすい。

協《キョウ》

協力。協力を得られる。無理やり協力させられるイメージ。字形的に左が軽い。
杉田協士、菅井協太、北村協一、小野協一、井出協太郎

尭《ギョウ》

→**【**堯**】**十二画

金《キン》

金属、黄金。「金」＝不動明王の字形で、バランス良く、堅苦しさと、ブレない信頼感を与える。

三遊亭金馬、桂小金治、柳家金語楼、巖金四郎、ふとがね金太、桜金造、遠山金四郎

欣《キン》

よろこぶ。斤（おの・天刑）と、欠（あくび・化忌）でイメージの悪い字。
北大路欣也、宝生欣哉、瀬戸欣哉、王欣太、深作欣二

具《グ》

目的に供する物品。供物の箱を台に重ねた象形。そなわる。具備。具体。
字形的に上が重い。
田坂具隆、北畠具教・具房・晴具

径《ケイ》

→**【**徑**】**十画

弦《ゲン》

弓のつる。張りつめた緊張感のあるイメージ。除障菩薩の字形、武器であり刺々しい。
鍋蓋は衰、いとがしらは天桃で色気もある。
羽生結弦、永田弦次郎、三浦弦太、若山弦蔵、中村弦

幸《コウ》

字義的には、幸福の幸で、イメージが良い。
字形的には不安定で、幸福はバランス次第で儚い。
蜷川幸雄、三谷幸喜、高橋幸治、橋幸夫、草薙幸二郎、濱口雄幸、鈴木善幸、
松下幸之助、浜田幸一、松本幸四郎、秋山幸二、塚本幸一、坂崎幸之助、鈴木正幸、
澤田幸弘、堤幸彦、原西孝幸、東野幸治、大澤誉志幸、湯原昌幸、中嶋常幸、
井筒和幸、澤田幸弘、さとう宗幸
左幸子、吉原幸子、小林幸子、桜井幸子、十朱幸代、光本幸子、柴本幸、井森美幸、
加賀美幸子、村瀬幸子、川中美幸、剣幸

昂《コウ》

日が昇る。昇りすぎで上昇志向の強いイメージ。昂奮。楽極生悲。
上野昂

岬《コウ》

みさき。字形的に左右に割れており、組み合わせが必要。

国《コク》

→【國】十一画

沙《サ》

「砂」と同字だが、沙のほうがきれいに見えるので女性タレントに多く使う。氵と小＝沐浴が並ぶ字形で新鮮だが移り気。左が軽いので、組み合わせに注意。

清水美沙、原沙知絵、純名里沙、福田沙紀、滝沢沙織、後藤理沙、高梨沙羅、南沙良、神田沙也加、安田美沙子、平子理沙、高樹沙耶、木村沙織、野村沙知代、吉田沙保里

始《シ》

女が鏡台の前に座る象形。これから何かが始まること。

女＝天桃の字形で女性の魅力を感じさせる字。

木島始

枝《シ》

幹から出た枝葉末節。トップ、中心、主役になれない。

字形的に安定するが、左右に割れる。

桂文枝、つまみ枝豆、桂きん枝、桂小枝、桂枝雀

平岩弓枝、真行寺君枝、市毛良枝、左時枝、鈴木光枝、原田美枝子、甲斐智枝美、高峰三枝子、西尾三枝子、角替和枝、樫山文枝、浜美枝、楠田枝里子、村主章枝、人見絹枝、弘田三枝子、牧村三枝子、高石かつ枝、奈良光枝、北原三枝

児《ジ》

兒が本字。中国では可愛いというイメージ。

日本では「児」なので非行少年のような印象。

麿赤児、六角精児、潮健児、小島三児、杉狂児、森脇健児、東郷青児、久松静児

周《シュウ》

あまねく。周到。周知。「吉」を仕舞い込んで外に出さない、独り占め。
字形的に安定感があり、使いやすい。

佐野周二、大塚周夫、森山周一郎、加勢大周、野村周平、遠藤周作、山本周五郎、西周、藤沢周平、大川周明
本阿弥周子

宗《シュウ》

家の中に神の啓示で、宗廟。宀＝正官に、示＝建禄の字形。
形は上が重い。家の重圧で苦労する。

小山田宗徳、川上宗薫、鈴木宗男、川崎宗則、さとう宗幸、玄侑宗久、本田宗一郎

尚《ショウ》

たっとぶ。字形的に安定しており、下が重いので一番下の字に使うと良い。

保阪尚希、井上尚弥
髙橋尚子、西田尚美、京田尚子、松嶋尚美

昇《ショウ》

朝日が昇る。どんどん伸びて行けるイメージ。日＝大日如来の字形＝公明正大。
バランス、象意も良く、升＝冠帯の字形―派手さと異性的魅力を感じさせる。

安藤昇、仲谷昇、三谷昇、春風亭昇太、大岡昇平、小金沢昇司、渡部昇一、霧島昇

征《セイ》

行って正すこと。征伐。征服。遠征。攻撃的、侵略的なイメージ。
ギョウニンベン＝倒食の字形で逍遥自在。権威に逆らわないが従属もしない。

小澤征爾、小澤征悦、中山秀征、黒田征太郎

昌《ショウ》

日＝大日如来が二つで、非常に派手な文字。字形的には安定している。

松岡昌宏、谷村昌彦、瀬川昌治、湯原昌幸、安井昌二、山本昌、東出昌大、宇野昌磨、
結城昌治、倉本昌弘、今村昌平、荻昌弘、久住昌之
万里昌代、京塚昌子、森昌子、山田昌、戸川昌子、河西昌枝、横須賀昌美

承《ショウ》

うける。承知。承認。了承。つぐ。現代人の名にはあまり使わない。
字形のバランスは良いが、十＝丁が三つ重なり「三火成災」でトラブル。

高円宮承子

政《セイ》

むち（攵＝攴）で人を打ち正すこと。非常に厳しい人。
字形バランスは良い。天才的な面があるが器用貧乏になりがち。

高嶋政宏、高嶋政伸、松山政路、小松政夫、おりも政夫、六平直政、勝村政信、
大場政夫、京本政樹、逸見政孝、古賀政男
北条政子、大屋政子

汰《タ》

水が多すぎること。淘汰。「地天泰」の「泰」と同字。滑って転ぶ。
字形的に左が軽い。さんずい＝沐浴をもち、過剰に革新的なイメージ。

福士蒼汰、松島庄汰

卓《タク》

テーブル。左上が欠けた字形でバランスが悪い。
薬師如来・大日如来・偏財の字形で、上からものを見るようなイメージ。

城卓矢、角野卓造、江川卓、森下卓、眉村卓、山本卓、神山卓三、永岡卓也、田中卓志

知《チ》

口に矢をくわえる、口＝六合があっても闘争的な文字。

田邊昭知、三浦知良、天知茂、関口知宏、古舘伊知郎、脇知弘、市川知宏、三浦大知星野知子、高部知子、原知佐子、真山知子、原沙知絵、中島知子、原田知世、西村知美、高見知佳、鷲尾真知子、黒田知子、宮原知子、村上知子、宮内知美、栗林知美、中村真知子、松田真知子、上月左知子、阿知波悟美、沢田知可子、西田佐知子、渡辺真知子、木原光知子

忠《チュウ》

字義は良いとされるが、忠義というのは、何も良いことがない。

心＝化忌の字形があるので、悩み、心労が多くなる。

沢村忠、中丸忠雄、浅野忠信、高島忠夫、沢本忠雄、西川忠志、浅井忠、つげ忠男、横尾忠則、野村忠宏、安藤忠雄、喜多條忠、沢島忠、対馬忠行

長《チョウ》

ながい、つね、永久の字義、成就如来の字形とも良いが、すべて右向きなので、左に向く字と組むと良い。

いかりや長介、辻萬長、高橋長英、河原崎長一郎、前田幸長、坂本長利

直《チョク》

まっすぐ、素直。良い字義だが、融通が効かない、固いイメージ。

十＝偏財・目＝文殊菩薩の字形で、形も安定している。

杉浦直樹、竹中直人、六平直政、藤木直人、本郷直樹、緒形直人、誠直也、田中直樹大谷直子、網浜直子、藤山直美、細川直美、長谷直美、沖直未、財前直見、飯島直子、武内直子、渡辺直美、野沢直子、大草直子、松居直美

定《テイ》

安定。形も安定している。

藤原定子（源氏物語・桐壺のモデル）、阿部定

典《テン》

模範、古典、典型。品行方正なイメージ。八＝天空。十＝偏財が多い―惰弱無能。「典子」などは上が重すぎる。固いイメージもあり、伸び悩む。

高橋克典、松尾昭典

渡辺典子、中越典子、青田典子、馬場典子、速水典子、松本典子

奈《ナ》

大いなる神の啓示。普通意味はわからないので、音声だけで使う。奈良の奈なので、おっとりした感じ。大＝九天・示＝建祿の字形も安定している。

武田梨奈、原史奈、小向美奈子、大河内奈々子、岡田奈々、松下奈緒、田中美奈子、渡辺満里奈、鈴木紗理奈、中川安奈、高瀬春奈、香里奈、小西真奈美、南沢奈央、榮倉奈々、深浦加奈子、田中麗奈、尾崎奈々、安室奈美恵、秋本奈緒美、長島美奈、葉月里緒奈、河合奈保子、白石奈緒美、矢吹春奈、柳原可奈子、片瀬那奈、生駒里奈、榎本加奈子、鈴木保奈美、冨士眞奈美、トリンドル玲奈、三倉茉奈佳奈、市來玲奈 南明奈、知念里奈、大山加奈、藤崎奈々子、入山杏奈、川栄李奈、松井珠理奈、大場美奈、矢吹奈子、畑岡奈紗、桜井日奈子、平手友梨奈、丸山桂里奈、浅川梨奈、松井玲奈、橋本奈々未、橋本環奈、山崎怜奈

武《ブ》

金文 

武器（戈＝宝生如来）を持って立つ（止＝衰）形。闘争心、向上心が強い。
現代の字は、戈《ほこ》が、弋《くい》になっており、原字ほど猛々しくない。

小野武彦、加藤武、日下武史、地井武男、金城武、香山武彦、村野武範、木梨憲武、
内藤武敏、梅沢武生、北野武、広瀬武夫、三木武夫、河野秋武、大和武士、木本武宏、
塚地武雅、寺沢武一、藤沢武夫
九条武子

歩《ホ》

→【歩】七画

朋《ホウ》

貝をつないだ形で、古代の貨幣。今は友達の意味しかない。
月が並んでいるので、女性的なイメージになる。

大森南朋、山縣有朋
中嶋朋子、華原朋美、奈良岡朋子、岡崎朋美、藤田朋子、塩田朋子、本田朋子

房《ボウ》

戸の中にいる、部屋。寝室。女性的なイメージ。戸＝財、方＝化権の字形。
権力を握れる、第一線に立てるが、必要のない権力まで争う傾向。

関口房朗、夏目房之介、林房雄
市川房枝、重信房子、太田房江

牧《ボク》

牛と鞭と又で、牧畜。子育てに苦労するイメージ。
牛＝天喜、ぼくにょう＝正官で字形象意は良い。
阿部牧郎、ポール牧
石川牧子、内館牧子

明《メイ》

日月が会う、窓から月が見える、いずれも明るいという意味。誰からも好かれる文字。
大日如来と月光菩薩の字形。公明正大と純真無垢。
中尾明慶、滝沢秀明、伊藤英明、伊東孝明、人見明、二谷英明、佐竹明夫、美輪明宏、
西沢利明、大塚明夫、村上弘明、榎木孝明、柄本明、宝田明、唐沢寿明、大門正明、
布施明、永井秀明、金田明夫、三田明、長谷川明男、藤原喜明、石橋貴明、久米明、
山内明、久保明、曽我廼家明蝶、江角英明、梅垣義明、田中明夫、鳥山明、黒澤明、
渡辺明、吉村明宏、清水国明、徳永英明、佳山明生、小川未明、橋本明治、高橋伴明、
吉本隆明、中森明夫、加納典明、東松照明、大川周明、河北倫明
真理明美、中森明菜、芹明香、山口小夜子、根岸明美、松原千明、栗山千明、小山明子、
松本明子、ダレノガレ明美、小坂明子、宮沢明子、松野明美、倉持明日香、金沢明子、
小林明子、福田明日香、鈴木明子、増田明美

夜《ヤ》

暗い、寂しい、幸薄い、イメージ。字形も、イ＝軍荼明王があって刺々しい。
山口小夜子、岡本真夜、佐藤千夜子、青空千夜一夜

来《ライ》

來が本字。名前には主として音声だけの使い方。字形的には安定している。
森山未來、向井去来、比田井天来
倖田來未、志田未来、有坂来瞳、未來貴子、山本未來

和《ワ》

作物と口で、みんなで飯を食べる、なごやか。禾＝観音菩薩、口＝六合。
左右のバランスが悪いので、組み合わせに注意。
布川敏和、田村正和、赤井英和、井筒和幸、稲尾和久、稲盛和夫、大和田伸也、勝俣州和、北村和夫、清原和博、財津和夫、立松和平、徳光和夫、長井秀和、西和彦、三浦友和、渡辺和博、船木和喜、畑和、二宮和也、西村和彦、白石和彌、花輪和一、黒木和雄、長谷川和彦、千家和也
阿川佐和子、浅尾美和、有吉佐和子、安藤和津、市川実和子、勝間和代、叶和貴子、北原佐和子、君島十和子、酒井和歌子、島崎和歌子、白川和子、太地喜和子、角替和枝、原田貴和子、藤谷美和子、古行和子、松尾和子、松村和子、三船和子、吉田美和、小森和子、筧美和子、井上和香、高田美和、内海和子

林《リン》

木＝成就如来が二つ並んだ字形であり、現実的な智恵で物事を成就する人。
木のように、本に一本足りない感じはない、バランスのとれた文字。
福王寺法林
樹木希林、山口果林、椎名林檎

玖《キュウ》

黒色の美しい石。たまへん＝天后。九の大字。
金村美玖、團伊玖磨、鳥飼玖美子

九画

威《イ》

武器で女を威すこと。威嚇。威圧的で猛々しいイメージ。字形的にも刺々しい。

木村威夫、森山威男、堀威夫、吉岡公威、平岡威一郎
増山江威子

映《エイ》

うつる。映える。きれいなイメージ。日＝大日如来、大＝九天の字形。左右に割れる字だが、それほどアンバランスではない。

白鳥映雪、松岡映丘
若林映子、和久井映見、中村映里子、川上未映子、初音映莉子、大宅映子

音《オン》

音、音楽。字形バランス、立＝青龍・日＝大日如来で、字形象意も良い。

宮城音弥、川谷絵音、川上音二郎
幸田真音、谷花音、上白石萌音、佐倉綾音

皆《カイ》

みんな。俗っぽいイメージ。比＝比肩・白＝貴人で字形、バランスとも悪くない。

金子皆子

紀《キ》

のり。おきて。記録。名前では主に発音だけで使う。
字形は右が軽く、己＝螣蛇・糸＝絶、があり、発展が遅く苦労が多い。長続きしない。

篠山紀信、東山紀之、山本紀彦、江本孟紀、鳩山由紀夫、三島由紀夫、黒川紀章、葛西紀明
秋篠宮紀子、蜷川有紀、高岡早紀、音無美紀子、藤谷美紀、中谷美紀、水原ゆう紀、福田沙紀、内田有紀、坂井真紀、仲間由紀恵、柏木由紀子、加藤登紀子、加藤紀子、水野美紀、田丸麻紀、カルーセル麻紀、水原亜紀、岡崎友紀、三條美紀、羽野晶紀、藤田紀子、藤原紀香、高林由紀子、清水由紀、小林亜紀子、友近由紀子、八代亜紀、松田美由紀、藤由紀子、酒井美紀、柏木由紀、末次由紀、高林由紀子、大和和紀、向井亜紀、岩井由紀子

姫《キ》

原義は女奴隷。日本では御姫様のイメージで使いづらい。
女＝天桃、匚＝虚空菩薩で、字形的に左が軽くバランスが悪い。

安藤美姫

軍《グン》

軍隊。略奪、強奪、暴力のイメージ。字義的には印象が悪い。
冖＝冠帯、車＝金輿の字形で、対内的には良い象意。

藤原軍次、萱場軍蔵

計《ケイ》

はかる。計算。計画。
字形的に右が軽い。十＝偏財・言＝字形から数的な間違いなどにうるさい人。

田口計、須山計一、宮西計三
源計子

郵便はがき

恐縮ですが切手をお貼りください

1 0 1 0 0 5 1

東京都千代田区神田神保町3-2
高橋ビル2階

株式会社 太玄社

愛読者カード係 行

<table>
<tr><td>フリガナ
お名前</td><td colspan="3"></td><td>性別
男 ・ 女</td></tr>
<tr><td>年齢</td><td>歳</td><td>ご職業</td><td colspan="2"></td></tr>
<tr><td>ご住所</td><td colspan="4">〒</td></tr>
<tr><td>電話</td><td colspan="4"></td></tr>
<tr><td>FAX</td><td colspan="4"></td></tr>
<tr><td>E-mail</td><td colspan="4"></td></tr>
<tr><td>お買上書店</td><td>都道府県</td><td colspan="2">市区郡</td><td>書店</td></tr>
</table>

ご愛読者カード

ご購読ありがとうございました。このカードは今後の参考にさせていただきたいと思いますので、アンケートにご記入のうえ、お送りくださいますようお願いいたします。

●お買い上げいただいた本のタイトル

●この本をどこでお知りになりましたか。

1. 書店で見て
2. 知人の紹介
3. 新聞・雑誌広告で見て
4. DM
5. その他 （ ）

●ご購読の動機

●この本をお読みになってのご感想をお聞かせください。

●今後どのような本の出版を希望されますか？

購入申込書

本と郵便振替用紙をお送りしますので到着しだいお振込みください（送料をご負担いただきます）

書　籍　名	冊数
	冊
	冊

●弊社からのDMを送らせていただく場合がありますがよろしいでしょうか？

□はい　□いいえ

奎《ケイ》

星の名。二十八宿の奎木狼。大＝九天、土＝墓、いつも不足感がつきまとう。
本田奎

研《ケン》

→【研】十一画

建《ケン》

たてる。建築。建設。建設的イメージの字。
建＝孔雀明王の字形で、知的でエレガントな印象を与える。
尾崎建夫、高岡建治、河原崎建三、渡部建、篠塚建次郎

彦《ゲン》

ひこ（日子）かしこい。三本の矢を持って立っている姿。立＝青龍・彡＝劫財で現実的。
刺々しい字形。オタク的な一芸に秀でるときがある。
田原俊彦、高田延彦、青山良彦、津川雅彦、小林勝彦、袴田吉彦、長谷川公彦、
上條恒彦、西郷輝彦、平田昭彦、佐々木勝彦、高杢禎彦、斎藤晴彦、加藤晴彦、
小野武彦、あおい輝彦、山本紀彦、金山一彦、西村雅彦、井ノ原快彦、井上雄彦、
横光克彦、谷村昌彦、渡瀬恒彦、三田村邦彦、灰田勝彦、加藤和彦、大林宣彦、
香山武彦、綿引勝彦、井沢元彦、石塚英彦、甘粕正彦、岡部冬彦、尾崎紀世彦、
落合信彦、加賀乙彦、金田一春彦、久世光彦、近藤真彦、瀬古利彦、原田政彦、
前田武彦、美樹克彦、宮内義彦、宮谷一彦、林家彦六、東久邇宮稔彦王

厚《コウ》

あつい。太陽と子が覆われている形。埋もれてしまう危険がある。
厂＝冠帯・日＝大日如来・子＝養、派手な字形だが、その割には目立たない人。
五代友厚、大仁田厚
村木厚子、池田厚子

虹《コウ》

にじ。一瞬の光栄。長続きしない。
字形で螣蛇と紅鸞があり、異性のトラブルが多い。
清川虹子

香《コウ》

かおり。作物が日にあたって香りが出る。禾＝観音菩薩と日＝大日如来の字形。
字形バランス、象意ともに非常に良く、女性は実際よりも知的に見える。
亀井静香、渡辺香津美
優香、絢香、上村香子、井上和香、野村佑香、穂積由香里、吉本多香美、安孫子里香、香里奈、工藤静香、賀来千香子、坂上香織、吉野紗香、浅利香津代、鈴木京香、芹明香、戸田恵梨香、瀬戸朝香、久万里由香、藤原紀香、黒谷友香、上原多香子、倉持明日香、荒川静香、山口香、岸谷香、広瀬香美、叶美香、杉崎美香、黒木香、持田香織、李香蘭、江國香織、梨木香歩、花澤香菜、福原香織、久野静香、須田亜香里、桜井玲香、平原綾香、杉崎美香、平野早矢香、菅井友香、賀喜遥香

哉《サイ》

や、かな。感嘆や疑問。名前では主に音声のみで使う。拓哉など。
武器＝戈＝宝生如来の字形で刺々しい字。
志賀直哉、小室哲哉、木村拓哉、小島秀哉、田山力哉

秋《シュウ》

あき。収穫した後の稲藁を火で焼く象。字形バランスは良いが、火＝不動明王を持っているので頑固。一生実りを求める。

河野秋武

千秋、吉沢秋絵、月丘千秋、ホラン千秋

重《ジュウ》

おもい。かさねる。地道に積み重ねて実力で勝負できる。字形バランスが良く、重みがある字。あまり得することはない。

宇野重吉、大隈重信、幣原喜重郎

水谷八重子、水谷良重

俊《シュン》

才能が飛び抜けてすぐれている。俊逸、俊英、俊敏。闘争的なイメージ。日光菩薩・白虎・除障菩薩の字形があり刺々しい。

大出俊、近江俊郎、海部俊樹、金子貴俊、川合俊一、菊池俊輔、柴俊夫、島崎俊郎、鈴木俊一、園山俊二、高見沢俊彦、谷川俊太郎、田母神俊雄、田原俊彦、都倉俊一、鳥越俊太郎、中村俊輔、中村雅俊、西島秀俊、細川俊之、恵俊彰、宮脇俊三、森内俊之、和久俊三、藤巻忠俊、岩井俊二、堺俊二

南俊子

春《シュン》

はる。太陽が非常に大きく強い、本来は夏の意味。勢いが強すぎる。字形的にも派手で自己主張が強く頑固。カリスマ性がある。

三波春夫、田中春男、松山千春、佐野元春、桂春団治、角川春樹、村上春樹

杉村春子、久里千春、高瀬春奈、赤木春恵、新山千春、内田春菊、近藤春菜

咲《ショウ》

「笑」の古字。咲くという意味では国字。咲いたら必ず散ってしまう。
字形的に左が軽くバランスが悪い。何でも長続きしない。

伊藤咲子、伊東美咲、武井咲、宮脇咲良

昭《ショウ》

あかるい。「昭和」と改元されたとき、日本が口に刀を銜えているから、戦争が始まる象とされ、間もなく本当に日中戦争が始まった。刺々しい字。昭和生まれに多い。

田邉昭知、小林昭二、中山昭二、小野寺昭、井上昭文、倉田保昭、小林昭男、長妻昭、平田昭彦、小沢昭一、盛田昭夫、小磯國昭、野坂昭如
野村昭子、山東昭子

信《シン》

信用、信頼。信に在れば錯を怕れる—勘違いがあれどうにもならない。
言葉が多いうるさい人。イ=軍荼明王の字形が刺々しい。信用トラブルが多い。

岡本信人、塚本信夫、浅野忠信、伊藤克信、金子信雄、森川信、八名信夫、佐分利信、勝村政信、葛山信吾、穂積隆信、篠山紀信、篠山輝信、織田信長、織田信成、武田信玄、上杉謙信、真田信繁、内山信二
乙羽信子、宮本信子

星《セイ》

空の星。人が好むもので、良いイメージ。願いをかけるが、やや望みが遠い感じ。
日=大日如来・生=長生の字形で、形のバランスも良い。

小林亜星、田中星児
芦名星、佐藤妃星

泉《セン》

泉が湧く。良いイメージ。白＝貴人の字形で形のバランスも良い。

大橋巨泉

坂井泉水、森泉

染《セン》

そめる、そまる。汚染。悪いことに染まるイメージ。

氵＝沐浴・木＝成就如来の字形で、バランスも悪くない。

市川染五郎、海老一染之助・染太郎

奏《ソウ》

かなでる。奏上する。上が「太」で大過、下が「夭」で短命の意味。

𡗗＝九天の字形で権威があるが、上が重く不安定。

杉江奏子

則《ソク》

のり。規則。刂＝刃物＝除障菩薩の字形があり、厳めしく、刺々しいイメージ。

段田安則、世良公則、石井正則、畑山隆則、入川保則、陣内智則、友竹正則、永山則夫、

横尾忠則、陣内孝則、鈴木則文

待《タイ》

まつ。待機。接待。寺（ホテル）で行列を組んで待つこと。

彳＝倒食の字形で落ち着かない。左右に割れる。

長谷川待子、明日待子

泰《タイ》

安泰。汰。原義は水が多すぎて人がひっくり返ること。地天泰。
九天の字形カリスマ性を持つが尊大なイメージ。上が重くあまり安泰ではない。
原田泰造、渥美国泰、林泰文、殿山泰司、佐伯泰英、中村泰士、竹田恒泰、横山泰三、
原泰久、原田泰治、山下泰裕、加藤泰、阿部泰山
泰葉、阿川泰子、松雪泰子、遠藤泰子、小宮山泰子、宮嶋泰子

拓《タク》

ひらく、開拓。字義は良い。才＝愛染明王、石＝不動明王＝頑固。左が軽い。
川谷拓三、木村拓哉、木村拓也、吉田拓郎、市川拓司、達増拓也、江口拓也

治《チ》

政治の治。字形的に右が重く左が軽い。組み合わせに注意。
はせさん治、高岡建治、郷えい治、清水紘治、桂小金治、福山雅治、大滝秀治、
新沼謙治、福士誠治、武田真治、松田洋治、阿南健治、東野英治郎、太宰治、高橋幸治、
南原宏治、清水紘治、東野幸治、笠原健治、野依良治、川上哲治、手塚治虫、
宮沢賢治、吉川英治、秋本治、和田浩治、宮本隆治、結城昌治、生島治郎、原田泰治、
橋本明治、藤田嗣治
加藤治子

貞《テイ》

貞操の貞。正邪分別に厳しい性格。自分にも厳しい。⺊＝薬師如来、貝＝正財の字形。
形的に左上が欠け、片親（父）と縁が薄い傾向。
王貞治、渡辺貞夫、衣笠貞之助、山中貞雄、中島貞夫
川上貞奴、沢村貞子、緒方貞子

美《ビ》

羊が大きい。バランスも美しい。羊＝天喜、大＝九天の字形で威厳を感じさせる。

藤山寛美、藤村富美男、曽根晴美、梅沢富美男、串田和美、車田正美、吉田照美
正田美智子、南美江、清水美沙、岡江久美子、白石奈緒美、白石冬美、山口美也子、
高橋由美子、高倉美貴、長内美那子、酒井美紀、小向美奈子、小川眞由美、水野久美、
宮崎美子、森尾由美、音無美紀子、藤谷美紀、吉本真由美、河合美智子、紺野美沙子、
結城美栄子、朝加真由美、鈴木亜美、小西美帆、井上晴美、久本雅美、前田美波里、
芳本美代子、安田成美、中谷美紀、四方晴美、大場久美子、桐谷美玲、田中美佐子、
菅野美穂、田中美奈子、岡安由美子、白石美帆、羽田美智子、今井美樹、田中美里、
武田久美子、小林聡美、秋吉久美子、中村久美、山口美江、井森美幸、浅田美代子、
黒田福美、伊東美咲、華原朋美、高木美保、水野美紀、手塚理美、浜美枝、小林麻美、
小西真奈美、野川由美子、谷村美月、沢田雅美、岩崎宏美、藤山直美、藤吉久美子、
細川直美、遠藤久美子、渡辺美佐子、榎本美佐江、北川弘美、原久美子、若村麻由美、
瀧本美織、喜多川美佳、三船美佳、三條美紀、新藤恵美、原田美枝子、赤座美代子、
青島美幸、甲斐智枝美、石川亜沙美、永作博美、川島なお美、余貴美子、佐藤仁美、
釈由美子、根岸明美、長谷直美、早瀬久美、中山美穂、安田美沙子、阿知波悟美、
安室奈美恵、矢部美穂、中島美嘉、藤谷美和子、白川由美、虻川美穂子、倍賞美津子、
相本久美子、秋本奈緒美、鈴木保奈美、音羽美子、高田美和、久我美子、冨士眞奈美、
荒木由美子、麻生久美子、吉瀬美智子、西田尚美、山本美月、伊藤美誠、有働由美子、
中野美奈子、渡辺直美、大島美幸、松嶋尚美、上沼恵美子、山田詠美、倉田真由美、
倉橋由美子、高橋留美子、河瀬直美、太田裕美、吉田美和、柴田美保子、大沢逸美、
山下美月、青木琴美、平野美宇、浜辺美波、今田美桜、筧美和子、金村美玖

南《ナン》

銅鑼のような打楽器の象形から方位の南に転化。南というイメージは良い。形もバランスが良く、象意も良い。

新見南吉、堅山南風

中原果南、樋口可南子、竹内海南江、加藤美南

波《ナン》

風波、波浪。字義的に不安定なイメージ。形は左が軽く不安定。

磯野波平、古川緑波、巌谷小波、板谷波山、中島千波

前田美波里、波瑠、浜辺美波

品《ヒン》

供物、豆を積み上げた形。品物。字形的に、口が三つ開いているので、品がない。

久保田九品太

勉《ベン》

つとむ。勉強。努力と苦労の人。子どもにつけないほうが良い。

下元勉、水上勉、和田勉、岩本勉、若松勉

保《ホ》

痴呆の呆があって間抜けな感じ。イ＝軍荼明王の字形があり、刺々しい。

入川保則、倉田保昭、原保美、早川保

藤村志保、柴田美保子、高木美保、河合奈保子、池坊保子、青池保子

法《ホウ》

水を去らせること。法律というイメージも意味も感じない。左が軽い。ム＝日光菩薩の字形で貪欲なイメージ。

無法松、長谷川法世、福永法源
酒井法子、椎名法子、桑島法子

昴《ボウ》

すばる。星の名、純粋、清浄なイメージ。ほかの字と組みにくい。歌になってから低俗で間抜けなイメージ。

耶《ヤ》

発音だけであまり意味はない。摩耶は釈迦の生母。字形で左右に割れるがバランスは悪くない。象意も賢いイメージ。

清原果耶、高樹沙耶、市井紗耶香

勇《ユウ》

勇気。積極的なイメージ。上が重いが、字形の象意は良い。

近藤勇、坂本勇人、池田勇人、赤崎勇、長門勇、藤木勇人、あご勇、佐野勇斗
相原勇、畠山勇子、水原勇気

柚《ユウ》

ゆず。名前に使ってもあまり意味はない。形は右が重い。木＝成就如来の字形で象意は良い。

佐々木柚香

宥《ユウ》

ゆるす。宥和。屋根の下で肉を持っている形。あまり名前に使う意義のない文字。

竹内美宥

要《ヨウ》

かなめ。腰の原形。原義は女の巣（西）。
男性には使いたくないが、女性には使いにくい文字。
田中要次、舛添要一、根本要

律《リツ》

法律の律。厳格なイメージ。
形は右が重いが、孔雀明王のエレガントな象意。
伊藤律
中村美律子、安倍律子、田中律子、森律子

柳《リュウ》

やなぎ。中国では悲しい別れのシンボル。
日本では幽霊など、美しい割にあまり良いイメージがない。
大友柳太朗、辰巳柳太郎、柳憂怜

亮《リョウ》

あかるい。かがやく。はっきりする。良いイメージの字。
字形的に安定感がある。
速水亮、鈴木亮平、加瀬亮、池松壮亮、吉沢亮、田村亮、山里亮太、飯田亮
遊井亮子、谷亮子

怜《レイ》

かしこい。怜悧。小賢しい。あざとい。
忄＝化忌の字形があり心労が多い。左が軽くバランスが悪い。
柳憂怜
菊川怜、吉井怜、山崎怜奈

郎《ロウ》

→【郎】（阝→邑）十四画

河《カ》

大きな川。黄河。江よりは小さい。

妹尾河童、クニ河内

石橋静河

飛《ヒ》

鳥がつばさを振って飛ぶ姿の象形文字。名にはあまり使われない。

チャゲ&飛鳥

齋藤飛鳥

十画

育《イク》

そだてる。養育。教育。育てる苦労がつきまとう。

字形的にはバランスが良い。

谷育子、谷本育実、益戸育江、大谷育江

員《イン》

かず。員数。人員。委員。

口＝六合と貝＝正財の字形で、安定した形のバランスも良い。

白川議員

桜《オウ》

↓【櫻】十四画

花《カ》

字義は良いが、「華」の略字なので、安っぽく見える。
艹＝桃花、亻＝軍荼明王の字形が含まれ、女性は翻弄されやすい。

泉鏡花、田山花袋、徳富蘆花

大西結花、小芝風花、足立梨花、林真里花、黒川智花、林知花、寿美花代、十勝花子、蜷川実花、木野花、正司花江、山田花子、大島花子、梨花、谷花音、春名風花、大後寿々花、生田絵梨花、原英莉花、伊原六花、杉咲花、穂花、紀平梨花、坂本花織、池江璃花子

夏《カ》

セミの象形。転じて夏の意味。
字形バランスは良い。女性には活きの良い、生意気なイメージ。

有明夏夫、京極夏彦

板谷由夏、大坪千夏、中山千夏、岡本夏生、若槻千夏、加藤夏希、夏帆、木南晴夏、桐野夏生、伍代夏子、原田夏希、汀夏子、横澤夏子、秋元真夏、賀原夏子

芽《ガ》

艹＝桃花があるので、異性関係が派手。牙があって刺々しい。叩かれやすい。

梶芽衣子、黒川芽以、剛力彩芽、永野芽郁

栞《カン》

しおり。きれいな女性名。１９９０年から人名漢字に追加。まだ実績がない。
字義やバランスは良いが、干（武器・宝生如来）が並んでおり、刺々しさがある。

佐藤栞、佐藤栞里、金子栞、松田栞、岡田栞奈

気《キ》

氣が本字。米で普通、正常のイメージ。
当用漢字体では字形的に左が軽く、七殺（メ）が刺々しい。

須藤元気
水原勇気

記《キ》

しるす。記録。名前では主に音声で使う。
字形的に右が軽い。頑固で変えることを嫌うイメージ。

三崎亜記、時枝誠記
森田日記、津村記久子

赳《キュウ》

たけし。猛々しいイメージ。
字形的にも刺々しい。

福田赳夫、平沼赳夫

恭《キョウ》

うやうやしい。恭順。悪いイメージのない字。
字形的に下が「心」なので心労が多くなる。

若林正恭、柴田恭兵、片山恭一
深田恭子、宮崎恭子、岩崎恭子

桂《ケイ》	径《ケイ》	恵《ケイ》	兼《ケン》	拳《ケン》	貢《コウ》
かつらの木。木＝成就如来の字形で智恵がある。 字形的に右が重く、土が重なるので、泥まみれ、苦労が多い。 **小林桂樹、松林桂月、鈴木桂治** **沢井桂子、内海桂子、丸山桂里奈**	みち。特に悪いイメージはないが、あまり広い道というイメージではない。 **石野径一郎**	→【惠】十二画	かねる。 字形バランスが良い字。 **肝付兼太、山本兼一、新藤兼人、吉田兼好、中村兼三** **北村兼子**	こぶし。げんこつ。闘争的でイメージが良くない。 字形バランスは悪くない。 **緒形拳、鉄拳、森田拳次、土門拳**	みつぐはイメージが悪いが、貢献だとそれほど悪くない。 形のバランス、工＝紅鸞、貝＝正財の字形象意は良い。 **千代の富士貢**

恒《コウ》

つね。恒久性のあるイメージ。忄＝化忌の字形があり、心労が多い。
上條恒彦、渡瀬恒彦、渡辺恒雄、堀内恒夫、小和田恒、真藤恒、森恒夫、堀口恒男、
長谷川恒男、徳大寺有恒

洸《コウ》

光が水に映える象。字形的に右が重くなるので「光」のほうが良い。
三浦洸一、佐藤洸一、藤浦洸、ときた洸一

高《コウ》

高い。志が高いイメージ。
字形バランスも良い。安定感がある。
五代高之、江幡高志、田村高廣、青木崇高、外山高士、塚本高史、木々高太郎、
加藤高明、矢口高雄、椎名高志、阿刀田高、埴谷雄高
岩倉高子

晃《コウ》

派手で華やかなイメージ。一時的な光栄で終わりやすい。
日・光＝大日如来の字形象意は良い。麻原彰晃＝大日如来が四つでいきすぎて派手。
西村晃、因幡晃、赤坂晃、吉川晃司、森次晃嗣、土田晃之、白井晃、名良橋晃
中村晃子、佳那晃子、生稲晃子、福嶋晃子

耕《コウ》

たがやす。ひらく。素朴で良いイメージ。
字形は左右に割れる上、＋＝丁が多すぎる。過労災害の怖れ。
山田耕作、山本耕史、今田耕司、前田耕陽、上田耕一、上田耕一郎、斎藤耕一、島耕二、
富田耕生、胡桃沢耕史、沢木耕太郎、田中耕一、山下耕作、前田耕陽

航《コウ》	紘《コウ》	剛《ゴウ》	紗《シャ》
航海。航行。船が波に抗って進む。良いイメージ。 化科・衰・普賢菩薩の字形象意が良く、左右に割れるがバランスは悪くない。 **内村航平、武田航平、遠藤航、中村航**	ひろい。ひも。なわばり。八紘一宇。悪いイメージもある。 字形で「絶」があり、挫折しやすく障害が多い。 **加藤紘一、清水紘治、堀紘一** **中村紘子**	たけし。非常に剛直なイメージ。他人の意見に耳を貸さない。 字形的に左が重すぎ、リ＝軍荼明王の字形を持っているから刺々しい。 **森田剛、伊原剛志、つるの剛士、綾野剛、加藤剛、草彅剛、伊吹剛、利重剛、長渕剛、** **佐々木剛、宇梶剛士、堂本剛、内藤剛志、下柳剛、新庄剛志、田中義剛、堂本剛、** **浜田剛史、中川剛、許斐剛、青山剛昌、小島剛夕、吉増剛造**	うすぎぬ。非常にきれいなイメージの文字。 字形で「絶」があり、さらに「壬（小）沐浴」が重なり薄幸な印象。 **山村美紗、仲里依紗、相沢紗世、相武紗季、山口紗弥加、吉野紗香、畑岡奈紗、** **紗栄子、川井梨紗子、鈴木紗理奈、一色紗英、市井紗耶香**

時《ジ》

とき。太陽と寺（ホテル）旅先でいつも晴れた日にあうこと。字形のバランスも良い。

柄本時生、沖時男、中村時蔵、中村時広
岩谷時子、左時枝

修《シュウ》

おさめる。鞭（攴）の下に三本刀。特殊な技術や知識を身につける。
左右三つに割れ、イ＝軍荼明王、彡＝劫財の字形を持つので刺々しい。

寺山修司、滝沢修、松岡修造、北山修

峻《シュン》

けわしい。人間性も険しくなる。
字形で左右に割れ、バランスは悪くないが、やはり険しい象意。

和久峻三

隼《ジュン》

はやぶさ。止まり木に鳥が止まる形。俊敏で利発な印象。
字形的に下が不安定で一番下の字には使いにくい。

谷隼人、國村隼、赤瀬川隼、水谷隼

純《ジュン》

純粋。純真。純情。純朴。良いイメージだけではない。
糸＝絶の字形があり、挫折やトラブルを招きやすい。

浜村純、石田純一、石原良純、山本直純、長沢純、高田純次、井上純一、安田純平、
小泉純一郎、小泉純也、神和住純
有村架純、美保純、戸川純、八神純子、八木沼純子、阿部純子、夏川純、小森純、
夏純子、久保純子、宮崎萬純、石川佳純

真《シン》

眞の俗字。まこと。真理。真実。良いイメージ。やや堅苦しい。バランスが良い。
堤真一、赤塚真人、江原真二郎、近藤真彦、山下真司、丸山真男、子門真人、千葉真一、新田真剣佑、満島真之介、井上真樹夫、近石真介、野々村真、軽部真一、柴田是真、岡田真澄
田中真理、川村真樹、涼風真世、大地真央、三浦真弓、吉本真由美、朝加真由美、白都真理、黒木真由美、城戸真亜子、水野真紀、小西真奈美、小沢真珠、尾野真千子、天地真理、後藤真希、浅田真央、本田真凜、宮地真緒、坂井真紀、藤真利子、芳村真理、鶴田真由、とよた真帆、一路真輝、鷲尾真知子、石野真子、小野真弓、中村由真、熊谷真実、持田真樹、井上真央、星野真里、高橋真麻、中村真衣、林真理子、小池真理子、倉田真由美、田中真弓、堂真理子、荻野真、山口真帆、大空眞弓、秋元真夏、田村真佑、遠藤真理子、野村真美、浅野真弓、庄野真代、高橋真麻、幸田真音

晋《シン》

すすむ。中国の国名、春秋時代の晋、魏晋南北朝など。
字形のバランスが良いが「普」の点がないから、物足りないイメージ。
高杉晋作、安倍晋三、安倍晋太郎、藤田晋、上田晋也、藤浪晋太郎

秦《シン》

「太」の下に「禾」で収穫が非常に多い象。始皇帝の秦。
字形的に上がやや重い。あまり名には使われない。

素《ソ》

もと。素材。白い布。字形で偏財（丁）が重なり死（一）もある努力家。
さらに「絶」があり、挫折やトラブルを招きやすい。
大林素子、伊藤素子、稲川素子、新井素子

哲《テツ》

手に持った斤（おの）のように口が鋭い。知恵があり弁が立つ。哲人。
意志が強い頑固な人。

川上哲治、渋谷哲平、ゆうき哲也、熊川哲也、渡哲也、潮哲也、別所哲也、丹波哲郎、
原哲男、杉本哲太、出川哲朗、山田哲人、小室哲哉、阿佐田哲也、内海哲也、片山哲、
原哲夫、駒井哲郎

展《テン》

ひらく。のぶ。展開。展覧。伸展。発展。
尸＝死の字形があり、トラブルを招きやすい。

村越吉展、保坂展人

桃《トウ》

もも。人気はあるが安っぽいイメージ。字形的に左右三つに割れる。
木＝成就如来の字形。儿＝白虎の字形が刺々しい。

福澤桃介、松坂桃李
河内桃子、菊池桃子、上田桃子、石井桃子

桐《トウ》

きり。女性に良いイメージの字。左右に割れるがバランスは取れる。

河東碧梧桐
竹村桐子（きゃりーぱみゅぱみゅ）

芙《フ》

芙蓉。女性が実際より美しく見える字。
艹＝桃花の字形があり、異性関係が派手。十＝丁が重なり「三火成災」

林芙美子

峰《ホウ》	芳《ホウ》	紋《モン》	祐《ユウ》
みね。険しさのある字。 字形的に左右に割れ、「丁」が重なり「三火成災」 西川峰子、織作峰子	かんばしい。字義的に色気を感じさせる。 字形でも「桃花」があり、異性関係が派手になりやすい。 原田芳雄、近藤芳正、加藤芳郎、大平正芳、森田芳光、野村芳太郎、岩間芳樹 川島芳子、柏原芳恵、應蘭芳、赤坂芳恵	文様。派手さがあり、「癸」と「丁」から濡れ衣を着せられやすい。 文＝孔雀明王でエレガント、糸＝絶の字形で挫折やトラブルを招きやすい。 工藤紋子、三輪紋子	天の助け、天祐。示＝建禄で、字形象意も良い。 川津祐介、草川祐馬、木村祐一、佐藤祐一、福永祐一、目黒祐樹、深田祐介、五味康祐、 広中平祐 安達祐実、天海祐希、森口祐子、古手川祐子、麻生祐未、与田祐希、片岡安祐美

洋《ヨウ》

大海、広い。良いイメージ。羊＝天喜、氵＝沐浴の字形で恵まれて発展性がある。
江口洋介、斉藤洋介、崔洋一、松田洋治、島田洋七・洋八、宮内洋、大泉洋、勝野洋、
山下洋輔、大友克洋、滝田洋二郎、山田洋次、松本大洋、河野洋平、石坂洋次郎、
久里洋二、佐野洋、高橋玄洋
南風洋子、真木洋子、鹿取洋子、山口洋子、長山洋子、嘉門洋子、内藤洋子、小川洋子、
荻野目洋子、南田洋子

容《ヨウ》

うけいれる。かたち。受容。容姿。容貌。内容。バランスが良い。
松山容子

栗《リツ》

くり。安っぽくてどうでもいい字。軍荼明王と成就如来の字形。バランスは良い。

倫《リン》

みち。倫理。人倫。堅苦しくてうるさいイメージ。
左が軽く、イ＝軍荼明王の字形で刺々しい。
河北倫明
佐々木倫子、村田倫子、源倫子、柴田倫世

留《リュウ》

とめる。昔、子沢山の家で最後の子にするという意味でよく使った。
字形的にバランスは良いが「刀」を持ち刺々しい。
松本留美、久宝留理子、高橋留美子

竜《リュウ》

龍の古体字。十二支の龍。人の中で抜きんでる人。男性に使うと唯我独尊的になり、女性に使うと強すぎる。

藤竜也、宇崎竜童、久世竜、加納竜、上島竜兵、峰竜太、藤原竜也、吉田竜夫

玲《レイ》

玉、宝石。きれいなイメージ。玉＝天后の字形があり、女性的な魅力を感じさせる。

能年玲奈、池玲子、桐谷美玲、潮田玲子、岡本玲、松井玲奈、トリンドル玲奈、鷲見玲奈、桜井玲香、南條玲子

十二画

偉《イ》

えらい。偉そうで尊大なイメージ。左が軽く、イ＝軍荼明王の字形が刺々しい。

菅義偉、小林可夢偉

英《エイ》

花。優れる、秀でる、という意味で使うことが多い。
バランスが良い。艹＝桃花で異性的な魅力と、大＝九天でカリスマ性がある字。

岡田英次、出門英、伊藤英明、船越英一郎、八代英太、八代英輝、吉川英治、赤井英和、川平慈英、船越英二、東野英心、中野英雄、三善英史、益川敏英、天本英世、篠井英介、江角英明、進藤英太郎、東野英治郎、高松英郎、根岸英一、照英、薬丸裕英、松山英太郎、二谷英明、高橋英樹、円谷英二、高橋長英、板東英二、村田英雄、石川英輔、石塚英彦、河島英五、東国原英夫、東條英機、中田英寿、野口英世、野茂英雄、白川英樹、松山英樹、狩野英孝、中井英夫、益川敏英

森英恵、村松英子、梓英子、武原英子、山本安英、水原英子、一色紗英、里谷多英、原英莉花、田村英里子

悦《エツ》

えつ。よろこび。左が軽く、忄＝化忌の字形でいつも不安や心労が耐えない。

豊川悦司、高橋悦史、小澤征悦、はるき悦巳

奈美悦子、志穂美悦子、市原悦子、生田悦子、北川悦吏子、小宮悦子、高野悦子

苑《エン》

その。御苑。外苑。
艹＝桃花、夕＝月光菩薩があり女性的な魅力を感じさせる。

井上苑子、杉本苑子

海《カイ》

海が本字。左が軽いので組み合わせに注意。大きすぎるが悪いイメージではない。

阿藤海、三島海雲、有馬晴海、市川海老蔵、空海、天海、林海象、林海峰、有馬晴海

中島宏海、竹内海南江

貫《カン》	つらぬく。重量、貨幣の単位。貝に紐を通して貨幣に使ったことから。 字形的にバランスが良い。やや刺のあるイメージ。 **菅貫太郎、石井貫治、伊奈貫太、栗田貫一**
基《キ》	もと。上が建物、下が土で基礎の意味。 字形的にバランスが良い。名前の一番下の字に配置すると特に良い。 **木村一基、松村雄基、前田航基、永光基乃**
規《キ》	のり。規則。規格。うるさくて堅苦しいイメージ。 字形的に左右に割れるがバランスは悪くない。 **正岡子規、山下規介、宇治原史規** **千石規子、福永恵規**
強《キョウ》	しいる。強制。勉強。強引。威圧を与えるためイメージが悪い。 弓＝軍荼明王、ム＝日光菩薩、虫＝螣蛇の字形を持ち刺々しく強引でトラブルが多い。 **荒川強啓**
教《キョウ》	「敎」が本字。おしえる。させる。右手に鞭を持って子どもを従わせること。 字形的に左右に割れ右がやや軽い。教条的強制的なイメージ。 **西川貴教、田口信教** **阿武教子**

啓《ケイ》	ひらく。啓蒙。啓発。啓上。戸内で右手に鞭を持った人から命令される象。 字形的にバランスが良い。乗せられやすい人。 谷啓、鳳啓助、中井啓輔、砂川啓介、佐田啓二、大沢啓二、鈴木啓示、江原啓之、 岡田啓介、荒川強啓、島田啓三、山川啓介 中島啓江、石坂啓
経《ケイ》	→【經】十三画
蛍《ケイ》	→【螢】十六画
研《ケン》	研が本字。とぐ。みがく。研磨。研鑽。研究。努力家のイメージ。 字形的に左右に割れるがバランスは悪くない。やや固苦しい。 沢田研二、光石研、大前研一、羽賀研二、高井研一郎、三隅研次
乾《ケン》	天。男。かわく。強いイメージ右が軽い。安定感に欠ける。 尾形乾山、近藤乾三、佐治乾

健《ケン》

すこやか。健康。健全。建＝孔雀明王、イ＝軍荼明王の字形を持ち、ひどく気難しい。

高倉健、大江健三郎、青島健太、阿南健治、今井健二、宇津井健、榎本健一、長沼健、岡本健一、荻原健司、尾崎健夫、小沢健二、開高健、高良健吾、篠塚健次郎、野口健、清水健太郎、白井健三、鈴木健二、竹村健一、丹下健三、トミーズ健、茂木健一郎、中上健次、なぎら健壱、灰谷健次郎、萩原健一、萩原健太、前田健太、松浪健四郎、丸山健二、森田健作、森脇健児、中島健人、溝口健二、田中健、松平健、堀内健、羽田健太郎

絃《ゲン》

つる。弦。張りつめたイメージ。緊張の取れない人生。字形で「絶」があり、切れやすい。挫折やトラブルがある。

永田絃次郎

悟《ゴ》

さとり。五（誤の原形）に「口」でさらに心が並ぶ。煩悶の文字。字形的に左が軽く、忄＝化忌の字形でいつも心労が絶えない。

草野大悟、納谷悟朗、垂水悟郎、神保悟志、中嶋悟
阿知波悟美

梧《ゴ》

きり。桐梧。何か誤解がある。

河東碧梧桐、中村梧郎、橋本梧郎、中野梧一、宮崎梧一

浩《コウ》

ひろい。おおらかで輝きと発展性のある良いイメージの字。左が軽いので組み合わせに注意。

鶴田浩二、高田浩吉、川口浩、石坂浩二、里見浩太朗、和田浩治、三浦浩一、荻原浩、田口浩正、沖田浩之、佐藤浩市、西山浩司、的場浩司、河本浩之、村田雄浩、奥浩哉、加藤浩次、玉置浩二、矢部浩之、千原浩史、三木谷浩史、天野浩、有川浩、新井浩文、守屋浩、五十嵐浩一、稲垣浩、篠田正浩、町山智浩、立木義浩、桜井浩子、三浦浩子、谷山浩子、小林浩美

康《コウ》

すこやか。ふくよかなイメージ。字形的にバランスが良い。

寺脇康文、大瀬康一、大地康雄、山田康雄、大友康平、新井康弘、筒井康隆、中康次、瀬戸康史、堤康次郎、内田康夫、筒井康隆、川端康成、中曽根康弘、福田康夫、秋元康、北島康介、井上康生、徳川家康、田中康夫、五味康祐、松井康子、原田康子

国《コク》

本字は「國」城壁（囗）の中に、戈（ほこ）と口（人口）で厳めしい。字形的にも堅苦しい。玉＝天后の字形が、閉じ込められて魅力を発揮できない。

村井国夫、渥美国泰、小川国夫、岸田國士、清水国明、高橋国光、柴田国明

彩《サイ》

光を意味する「彡」が三本刀のように見え刺々しい。彡＝劫財の字形で野心的。派手ではなやかなイメージの字だが、金銭トラブルに遭いやすい。

剛力彩芽、上戸彩、杉本彩、酒井彩名、山岸舞彩、木佐彩子、石黒彩、村山彩希、高島彩、山本彩、須藤理彩

紫《シ》

むらさき。高貴な色のイメージ。釈迦如来の色。
糸＝絶の字形を持ち、トラブルが多く挫折しやすい。

今村紫紅
藤間紫、やまだ紫、桜木紫乃

若《ジャク》

若々しいイメージ。
艹＝桃花の字形があり異性問題が多い。左が重く、ややバランスが悪い。

伊藤若冲
酒井若菜、入江若葉

修《シュウ》

脩が本字。干し肉の意味。ゆっくりコツコツ積み上げて行くイメージ。
イ＝軍荼明王の字形に、彡＝劫財だとさらに刺々しい。気難しくトラブルが多い。

寺山修司、滝沢修、松岡修造、北山修、稲葉修、喜多嶋修、鈴木修、東尾修

将《ショウ》

將が本字。将軍。将兵。猛々しいイメージ。左が軽く、武器（爿＝帝旺）を持つ。

尾崎将司、田中将大、黄川田将也、今福将雄、染谷将太、清水将夫、野村将希、
新井将敬

祥《ショウ》

さち。神に捧げる羊の象。吉祥。示＝建祿、羊＝天喜の字形。
バランス、字形象意ともに非常良い字。左右に割れない字と組むこと。

衣笠祥雄、桐生祥秀、宇野祥平
安田祥子、西谷祥子

渉《ショウ》

わたる。素足で水を渡ること。危険をともない、良いイメージではない。
字形的に左が軽く右も安定しない。

濃人渉、廣松渉
宇佐美渉

章《ショウ》

あきら。法律。やや堅苦しいイメージ。
字形バランスは良いが、一本足なので一番下の字には使わないこと。

深水三章、深江章喜、谷原章介、汐路章、堺正章、花柳章太郎、清水章吾、川島章良、
遠藤章造、石ノ森章太郎、鈴木章、山藤章二、倉金章介、安岡章太郎、川端玉章
倉野章子、風見章子、杉本章子

紹《ショウ》

つぐ。紹介。刀＝陽刃、糸＝絶の字形があり、トラブルや障害が多い。

田中良紹
江川紹子

梢《ショウ》

こずえ。しずく(小)のかかった木に月がかかる、ロマンチックな形。
木＝成就如来、月＝月光菩薩の字形があり、実際以上に女性的魅力を引き立てる。

秋元梢、森本梢子

常《ジョウ》

つね。平常、正常。太常。平凡だが特に悪いイメージもない。
字形的に上がやや重いので、下の字に使わないほうが良い。

小橋常子

紳《シン》

高官の締める帯。紳士。郷紳。字形で「絶」があり、挫折や障害が多い。

島田紳助、安住紳一郎、小川紳介

崇《スウ》

たかし。崇高。崇りという字に似ているので注意が必要。
字形的に上がやや重い。割りと目立たない文字。

山口崇、柏原崇、青木崇高、鈴木崇大、吉村崇、三池崇史

雪《セツ》

ゆき。美しいが融けて消える。儚い。寒い。薄幸なイメージ。
雨＝天后の字形があり、女性的な魅力を感じさせる。

森雪之丞、螢雪次朗、早川雪洲、雪舟、由井正雪、橋本関雪、白鳥映雪
朝丘雪路、飯田深雪、越路吹雪、松井雪子、小雪

張《チョウ》

長（つね）に、弓＝軍荼明王の字形を持っている。字形的に左が軽い。
いつも緊張を緩めず、一生休まずに働く。休まないので成功はしやすい。

松本清張

梅《バイ》

うめ。松竹梅の梅。悪いイメージはないが庶民的。字形のバランスは悪くない。

中村梅雀、井上梅次、中村梅之助

苗《ビョウ》

なえ。字義は問題ない。艹＝桃花の字形を持ち、異性的魅力を感じさせる。
上が軽いので「早苗」のように下が軽い字との組み合わせが良い。

土田早苗、高杉早苗、北林早苗、石井苗子、中原早苗、木嶋佳苗、城之内早苗、
沼田早苗

彬《ヒン》

あきら。林に光が射す象。内外ともに良いという意味。かえって自己矛盾を感じさせる。
木＝成就如来の字形が重なり小賢しい。彡＝劫財の字形が刺々しい。

中尾彬、高木彬光

敏《ビン》

敏感。敏捷。鋭敏。女性の魅力を感じさせる。

柳葉敏郎、永瀬正敏、岸田敏志、古谷敏、伊藤敏八、内藤武敏、永島敏行、西田敏行、
三船敏郎、赤尾敏、山田貴敏、益川敏英
岡本敏子、秋吉敏子

邦《ホウ》

国。大きいイメージ。特に善し悪しのない文字。
十＝丁が三つ重なり三火成災。トラブルや災難がある。

田中邦衛、鈴木邦夫、三田村邦彦、林邦史朗、鳩山邦夫、松村邦洋、山崎邦正
山田邦子、三宅邦子

望《ボウ》

のぞむ。満月。いつも高い目標を追いかけて休みなく昇る。
字形バランスが良い。昇り詰めることができる。

萩尾望都、井上望、本田望結、児玉希望、奥原希望

麻《マ》

麻。乱麻。麻の如く乱れるというイメージ。麻衣は死装束でイメージが悪い。字形的に左がやや重い。観音と成就如来なので悪いことはないが、智が勝ちすぎる。

川崎麻世、カルーセル麻紀、吉田麻也
岩下志麻、川上麻衣子、田丸麻紀、小林麻美、中山麻理、倉木麻衣、渡辺麻友、
水卜麻美、高井麻巳子、安倍麻美、関根麻里、浜田麻里、若村麻由美、高橋真麻、
小林麻耶、小林麻央、篠田麻里子、福田麻由子、井上麻里奈、伊藤麻美、大島麻衣、
白石麻衣、伊藤麻子、野波麻帆、岩井志麻子

茉《マツ》

茉莉花（ジャスミン）。発音だけで用いられる。
字形的にバランスが良く、艹＝桃花があって異性関係が派手。

岡田茉莉子、小山茉美、森茉莉、西山茉希、村上茉愛、伊瀬茉莉也、向田茉夏、
三倉茉奈、松岡茉優

務《ム》

矛《ほこ》＝不動明王と鞭を持つ人（夂＝攴＝正官）が力（鋤＝農作業）を強制する象。何かを強制されたり、成果を横取りされたりしやすい。

野中廣務

茂《モ》

しげる。草が生える、雑草。繁茂。
艹＝桃花の字形があっても、非常に平凡なイメージが強い。

吉田茂、釜本邦茂、長嶋茂雄、長嶋一茂、露口茂、天知茂、丸山茂樹、城島茂、
早坂茂三、細川茂樹、貝塚茂樹、斎藤茂太

唯《ユイ》

ただ。鳥の口。「鳥は食の為に死す」というように、鳥はいつも餌を食べていないと生きていけない。ただ食べるだけ。妥協しない、融通の利かない性格を示す。

未唯mie、浅香唯、小倉唯、坪倉唯子

悠《ユウ》

はるか。ゆとり。ゆうゆう。あまり悠々とはできない。いつも火の車。イ＝軍荼明王の字形があり刺々しい。「心」があるので心労が多い。

秋篠宮悠仁親王、北川悠仁、藤木悠、阿久悠、大沢悠里、桐生悠々
岩佐真悠子、原田悠里

梨《リ》

なし。鋭い果物。治療効果、副作用ともに多い。刂＝軍荼明王の字形を持ち刺々しい。

平愛梨、桂木梨江、武田梨奈、足立梨花、かたせ梨乃、佐藤江梨子、高橋真梨子、
戸田恵梨香、中川梨絵、村川絵梨、梨花、平手友梨奈、生田絵梨花、浅川梨奈、
渡辺梨加、紀平梨花、川井梨紗子、たかの友梨

朗《ロウ》

ほがらか。郎より良い字。字形のバランスは良いが左右に割れない字と組むこと。

納谷悟朗、大石吾朗、石濱朗、清水宏次朗、里見浩太朗、平幹二朗、青木義朗、
伊東四朗、岡崎二朗、遠藤太津朗、納谷六朗、瑳川哲朗、出川哲朗、岸谷五朗、
大友柳太朗、螢雪次朗、睦五朗、林邦史朗、宮川一朗太、北村総一朗、石井琢朗、
鈴木一朗、奥田英朗、森喜朗、森山直太朗、矢吹健太朗、田原総一朗、西野朗

浪《ロウ》

なみ。「良」は「艮」に点で抵抗する人々を押さえつけること。さらに水で人々を押さえる。人生の荒波。障害が多い。女性は薄幸のイメージ（浪子）

押川春浪、広津柳浪、村上浪六、堀川浪之助

麦《バク》

麥が本字。新字体は無難だが、十＝丁が重なるので、亠＝癸の字形を避けること。

畠山麦、麦人、土田麦僊

門脇麦

十二画

賀《ガ》

「財」が「加」わる。非常に良いイメージ。字形バランス、字形象意ともに良い字。

友里千賀子、宮城千賀子、浦野千賀子、巌谷賀子、進千賀子、橋田壽賀子

雅《ガ》

みやび。原義はカラス。烏は神の使いとされ、雅びの意味になった。金烏。

女性はノーブルで派手さがある。字形象意では非常に厳しい性格。

福山雅治、本木雅弘、加藤雅也、相葉雅紀、津川雅彦、甲本雅裕、堺雅人、西村雅彦、

三島雅夫、伊武雅刀、入江雅人、浜田雅功、中村雅俊、古尾谷雅人、雨森雅司、

石橋雅史、塚地武雅、沖雅也、秋川雅史、鈴木雅之、森雅之、橋本雅邦、今井雅之、

売野雅勇、掛布雅之

野沢雅子、和泉雅子、夏目雅子、小和田雅子、久本雅美、宇津宮雅代、吉川雅恵、

沢田雅美、田中雅美、笛吹雅子、藪本雅子、滝島雅子、森雅子

絵《カイ》

→【繪】十九画

覚《カク》

→【覺】二十画

喜《キ》

よろこび。字形バランスは悪くない。「口」が二つあって間抜けだが親しみやすい。

小林多喜二、五十嵐喜芳、大倉喜八郎、金田喜稔、金内喜久夫、大鵬幸喜、内田喜郎、幣原喜重郎、宮沢喜一、森喜朗、船木和喜、益田喜頓、松井秀喜、豊田喜一郎、鬼塚喜八郎、深江章喜、藤原喜明、三谷幸喜、波岡一喜、原民喜、隅谷三喜男、岡本喜八、吉田喜重、成瀬巳喜男

太地喜和子、中田喜子、神保美喜、澤田美喜、磯西真喜、藤本喜久子、音無真喜子

幾《キ》

いく。幺＝天桃、丈＝武器。何かと心労が絶えない。字形バランスは悪くない。異性関係には恵まれる。

清水幾太郎、西田幾多郎、吉幾三

和田幾子

貴《キ》

たかし。高貴。貢ぎ物に旗を立てた象。プライドが高い。無愛想なイメージ。
字形的に地に足が付く。必要な事は進んでやる。根性がある人。

金子貴俊、成宮寛貴、石橋貴明、中井貴一、西川貴教、松尾貴史、堀江貴文、東貴博、山田貴敏、山崎貴、山本貴司、畠山貴志、山田貴洋、山崎貴、太田雄貴

斉藤由貴、常盤貴子、高倉美貴、叶和貴子、工藤夕貴、清水由貴子、原田貴和子、余貴美子、中井貴惠、未來貴子、膳場貴子、磯野貴理子、山崎美貴、山崎夕貴、佐伯三貴、加藤貴子、陣内貴美子、白井貴子

喬《キョウ》

たかし。喬木。
字形バランスは良いが、「口」が二つあり緊張感に欠ける。

志村喬、辻井喬、鈴木喬、柳家喬太郎、津田喬、石川喬司、白井喬二、小野竹喬、瓜生喬、朝倉喬司

尭《ギョウ》

堯が本字。ゆたか。豊穣。豊饒。収穫が多い。
字形で十=丁が多い。「三火成災」刺々しい。

井上尭之、高坂正尭

暁《ギョウ》

→【曉】十六画

欽《キン》

つつしむ。金を削ること。帝の意志。欽定。気紛れなイメージ。
欠=化忌の字形があり、何もかも棄ててしまうことがある。

愛川欽也、萩本欽一

恵《ケイ》

恵が本字。めぐみ。心＝化忌の字形があり心労が多い。あまり恵まれない。
片岡千恵蔵、藪恵壹、板垣恵介、小渕恵三、木下恵介、小出恵介、木村恵吾
山口百恵、淡路恵子、柏原芳恵、鳥居恵子、戸田恵子、斎藤こず恵、戸田恵梨香、大川恵子、平淑恵、柴田理恵、三浦理恵子、吹石一恵、山川恵里佳、増田恵子、原幹恵、比企理恵、松原智恵子、倍賞千恵子、津島恵子、中原理恵、仲間由紀恵、榊原郁恵、畠田理恵、大石恵、大橋恵里子、三崎千恵子、奥菜恵、栗原恵、新田恵利、新藤恵美、吉岡聖恵、岸恵子、岸千恵子、上沼恵美子、高橋恵子、樋口恵子、赤木春恵、弓恵子、奥山佳恵、二谷友里恵、安室奈美恵、木村理恵、伊藤智恵理、西原理恵子、千葉恵里、真野恵里菜、大堀恵、安藤玉恵、松山恵子、寺田恵子、朝倉理恵、金井美恵子、落合恵子、岡田晴恵

景《ケイ》

ひかり。かげ。京に注ぐ太陽。派手、華やか。
字形バランスも良い。実力以上に華やかに見えるが位負けすることがある。
志茂田景樹、上杉景勝、長尾景虎
竹下景子、北川景子、鍵本景子、鈴鹿景子、杉田景子、河野景子、飯星景子、真山景子、扇千景、淡島千景、遠山景織子、栗原景子、高田景子、塚本恵子

結《ケツ》

むすぶ。右が男性器と口、左が糸で、結ばれる。身動きが取れない。
糸＝絶の字形があり、挫折しやすい。実力の割に芽が出ない。
大西結花、新垣結衣、夏川結衣、竹内結子、上地結衣、髙畑結希

絢《ケン》

あや。派手さのあるきれいなイメージ。糸＝絶の字形で挫折しやすい。
永山絢斗、矢野絢也
絢香

皓《コウ》

てる。牛が暑さにあえぐ。普通は派手さだけで悪いイメージがない。
日＝太陽、牛＝天喜、口＝六合の字形で、恵まれた条件。
日野皓正

策《サク》

竹を束ねたもの。結束力があり、良いイメージ。
竹＝直符の字形を持ち、バランスも良い。
原健策、大川栄策、池端俊策、山形雄策

淑《シュク》

大人しい。バランスも良く、特に問題のない字。
石堂淑朗
山口淑子、平淑恵、藤田淑子、太田淑子、桂銀淑、辛淑玉

惇《ジュン》

あつし。左が軽く、忄＝化忌の字形なので心労が多い。
山西惇、宮崎惇

淳《ジュン》

あつし。新鮮なイメージ。実力以上に魅力的に見える。左が軽いがあまり問題ない。
石川淳、江藤淳、芦田淳、田村淳、浜村淳、宮内淳、根上淳、伊藤淳史、高城淳一、
伴淳三郎、堀江淳、志尊淳、稲川淳二、吉行淳之介
池内淳子、五十嵐淳子、桜田淳子、高畑淳子、安奈淳、紫吹淳、櫻井淳子、倉沢淳美

順《ジュン》

よる。したがう。順応、恭順、順調。良いイメージ。
川＝劫財の字形を持ち、あまり従順ではないが順調。

森田順平、島田順司、井上順、織本順吉、船戸順、鈴木清順、阪本順治、木下順二
宮下順子、宮内順子、真屋順子、高沢順子、朝比奈順子、島田順子、小川順子

晶《ショウ》

日＝大日如来が三つで、あまりに派手すぎる。位負け、一時の光栄。
バランスは悪くない。実力が伴わない、大きなことをやりたがる。

久保晶、川口晶、羽野晶紀、原千晶、泉晶子、北斗晶

捷《ショウ》

はやい。狙ったものを素早く手に入れる。
十＝丁と、扌＝戊の字形があり、有火有炉の象。恵まれた条件。

戸張捷、木山捷平

勝《ショウ》

勝つ。勝ち気な性格。女性には強すぎるイメージ。
字形バランスは悪くない。武器などはないのでそれほど刺々しさはない字。

灰田勝彦、生瀬勝久、綿引勝彦、小林勝彦、志賀勝、竜崎勝、安藤勝己、大杉勝男、
金子勝、篠原勝之、中村勝広、梨元勝、花田勝、鬼塚勝也、宮本征勝、楠勝平、
早乙女勝元、神田日勝、本多勝一、金井勝、土井勝、大山勝美
猿橋勝子、藤原勝子

翔《ショウ》

かける。羊に羽根が生えて飛んで行く形。とんびに油揚をさらわれる。
実力を発揮するチャンスを逃す。
哀川翔、秋山翔吾、大谷翔平、櫻井翔、中田翔、白鵬翔、松田翔太
相田翔子、中川翔子

清《セイ》

きよし。原字は「青」清浄純粋なイメージ。凝り性、オタク、ストイック。
字形的に左が軽い。より新しい革新的なものを求める。
渥美清、秋山清、忌野清志郎、鈴木清順、児玉清、三ツ木清隆、河津清三郎、前川清、
錦織一清、黒沢清、荘村清志、清家清、中畑清、山下清
黒田清子（紀宮清子内親王）、水前寺清子

盛《セイ》

さかん。上が武器で、下が皿、武力で食料を取ってくること。
字形的に武器がついているので猛々しく闘争的。運勢的には盛ん。
平清盛

晴《セイ》

はれ。晴れ晴れとした良いイメージ。左が軽くなるが問題ない。派手さのある字。
平田晴彦、見栄晴、久富惟晴、斎藤晴彦、加藤晴彦、井上光晴、大山康晴、岡晴夫、
金子光晴、川田晴久、細野晴臣、水野晴郎
姿晴香、曽根晴美、吾峠呼世晴、瀬戸内晴美、井上晴美、馬渕晴子、鰐淵晴子、
四方晴美、相楽晴子、木南晴夏、岡田晴恵

茜《セン》

あかねぐさ、植物の名。根が赤い。夕焼けの空の色のイメージが強い。
艹＝桃花の字形があり、女性的な魅力が大きい。
小田茜、山口茜

草《ソウ》

くさ。ただの草。レベルが低いイメージ。組んだ文字次第。無欲な印象。
字形バランスは良いが一本足なので一番下の字には向かない。根無し草。
中村草田男、青山草太、山本草太、木村草太、森田草平

創《ソウ》

つくる。創造。創業。刂＝軍茶明王の字形を持ち、トラブルを起こしやすい。
板尾創路

善《ゼン》

よし。生けにえの羊によって得る神の啓示。
字形バランスが良いが、口が大きく開いて、抜けたところがある。
松山善三、福田善之、堀田善衛、嵯峨善兵、清水善三、鈴木善幸、児島善三郎、
土井善晴、羽生善治

尊《ソン》

たかし。供物の酒。尊厳、尊大、お高くとまるイメージ。
字形的に上が重く下が頼りないので下の字に使わない。
足利尊氏、二宮尊徳、海堂尊
藤原尊子

智《チ》

どんな人でも賢く見えるが、自意識過剰になりがち。他人をやり込める。
字形のバランスは良い。「矢」を持つので刺々しさもある。

笠智衆、永井智雄、山口智充、長瀬智也、八嶋智人、野沢那智、庄司智春、陣内智則、渡辺美智雄、町山智浩

正田美智子（平成后）、山口智子、国分佐智子、羽田美智子、松原智恵子、甲斐智枝美、黒川智花、山村美智、里中満智子、鈴木早智子、生田智子、瑳峨三智子、河合美智子、田畑智子、河西智美、吉瀬美智子、林美智子、西脇美智子

朝《チョウ》

あさ。はつらつとした良いイメージの字。
字形バランスも良いが、左右に割れるので、組み合わせに注意。

内田朝陽、春風亭小朝、内田朝雄、小池朝雄

瀬戸朝香、岸朝子

登《トウ》

のぼる。積極的なイメージの良い字。
字形的に安定している。厳しさと親近感が同居する字。

古川登志夫、松橋登、竹下登、橋本登美三郎、秋山登、田中登

小林千登勢、加藤登紀子、津山登志子、小原日登美、辛島美登里

等《トウ》

ひとしい。無難な文字。
字形で直符を持つが、上が重く下が頼りないので上の字に使う。

植木等、小室等、佐々木等、本島等、長谷川等伯

敦《トン》

あつい、敦厚。実直な良いイメージ。やや教育的な暑苦しさもある。字形が左右に割れるので組み合わせに注意。
里見敦、森敦、中島敦、中村敦夫、堤下敦、柳沢敦
仙道敦子、前田敦子、川口敦子

能《ノウ》

「熊」の原形。知能。能力。肉（月）を力（匕）で私（ム）する。字形で「匕」を二つ持ち、非常に闘争的なイメージ。
蛭子能収、川口能活
田村能里子、橋谷能理子、平能子

博《ハク》

ひろし。博愛。博学。博士。せまいある分野で自分の特長を出せる。
十＝丁火の字形が重なる。左が軽く、偏っている。
宮迫博之、及川光博、柳生博、太田博之、三上博史、布施博、小西博之、小泉博、
桑名正博、有川博、岸博幸、長野博、角川博、大久保博元、渥美博、荒川博、南博、
本田博太郎、千住博、落合博満、水道橋博士、長谷川博己、伊藤敏博、東貴博、
渡辺和博、大松博文、山本益博
永作博美、森口博子、荻原博子、町田博子、小林博美

富《フ》

とみ。家の中にお神酒の酒樽がある象。字形的に安定感がある。
藤村富美男、国広富之、梅沢富美男、岡本富士太、常田富士男、森富士夫、周富徳、
若山富三郎、張富士夫、御手洗冨士夫、マイケル富岡、富永一朗
山本富士子、奈良富士子

猛《モウ》

猛々しい文字。イメージが良くない。左が軽く犭＝日光菩薩で刺々しい。
宗猛、藤猛、愛甲猛、梅原猛

雄《ユウ》

オス。英雄。雄々しく派手なイメージ。女性に向かない字。
字形で左右に割れ左が軽い。派手な象意で、男性でも名前負けしやすい。
中村嘉葎雄、沢本忠雄、黒沢年雄、頭師孝雄、松村雄基、菊池雄星、濱口雄幸、
堀辰雄、野茂英雄、井上雄彦、野部利雄、青木雄二、藤子不二雄、蜷川幸雄、原田芳雄、
加山雄三、村田雄浩、大地康雄、内田朝雄、梶原雄太、辻本茂雄、大野雄二、矢口高雄、
埴谷雄高、檀一雄、長部日出雄、島尾敏雄、尾崎一雄、五社英雄、黒木和雄、山中貞雄、
実相寺昭雄、川島雄三、舛田利雄、金子信雄、柳原敏雄、海野義雄、岡部幸雄、
多田富雄、土井隆雄、太田雄貴、羽田雄一郎

理《リ》

玉に刻まれた文様。理屈っぽさはなく穏和な性格。玉＝女性的な魅力を感じさせる。
向井理、吉井理人
田中真理、白都真理、三浦理恵子、青木愛理、望月真理子、柴田理恵、比企理恵、
芳村真理、中山麻理、天地真理、中原理恵、畠田理恵、後藤理沙、内山理名、手塚理美、
鈴木紗理奈、白木万理、うつみ宮土理、林真理子、小池真理子、田中理恵、釘宮理恵、
大江麻理子、永井真理子、今井絵理子、佐藤由加理、松井珠理奈、西原理恵子、
松村沙友理、渡邉理佐、熊井友理奈、鈴木愛理、内田理央、朝倉理恵、長谷川理恵、
平子理沙、須藤理彩、石原真理子、池田理代子、千住真理子、谷川真理

涼《リョウ》

水と京で、派手さはあるが、うすら寒い、冷たい、という印象もある。左が軽い。亠＝衰で、すねるな、冷ややかなどのイメージ。

田山涼成、勝地涼、竹内涼真、山田涼介

国仲涼子、魏涼子、米倉涼子、篠原涼子、広末涼子、大島涼花、藤野涼子

須《ス》

劫財と死と正財から成り、一途に財を求めて行動が敏捷。

工藤阿須加

鳥《チョウ》

鳥の形を表す象形文字。現代の字体では貴人と不動明王を含みチグハグな印象。

齋藤飛鳥、財部鳥子

十三画

阿《ア》

通常は音声だけで意味はない。善し悪しのない文字。阝＝愛染明王の字形を持ちなんらかの助けを得られる。

工藤阿須加

柴田阿弥

愛《アイ》

いとしい。めでる。かなしい。おしむ。愛しさを感じさせる字。
心＝化忌の字形があり心労が多い。

片岡愛之助
平愛梨、岡田可愛、森下愛子、三益愛子、比嘉愛未、芦田愛菜、福原愛、冨永愛、
大塚愛、神崎愛、はるな愛、青木愛、前田愛、橋本愛、早乙女愛、敬宮愛子内親王、
上村愛子、佐藤愛子、安西愛子、此島愛子、宜保愛子、村上茉愛、古川愛李、鈴木愛理、
高橋愛、新川優愛

渥《アツ》

あつい。ねんごろ。家が濡れている、潤いがあるというイメージ。字形的に左が軽い。

木戸渥子

郁《イク》

豊かな邑＝村。中国では憂うつ＝欝の代字。
阝＝愛染明王の字形を持ちなんらかの助けを得られる。

藤井郁弥、平山郁夫、山本徳郁、岡崎郁
榊原郁恵、川井郁子、永野芽郁

詠《エイ》

よむ。うたう。話が心地よいイメージ。あまりうるさい感じはしない。
字形的に左右に割れるので組み合わせに注意。

丸山詠二
山田詠美

園《エン》	幹《カン》	暉《キ》	熙《キ》
その。派手なイメージの字。 字形的に安定が良い。 **鈴木園子**	みき。朝と人と武器。戦闘に備えること。闘争的な文字。競争好き。 右が軽い。十＝丁の字形が多く「三火成災」でトラブルや災難。 **谷幹一、東幹久、平幹二朗、伊達幹生、小野田嘉幹** **原幹恵**	かがやく。太陽。派手で輝かしい字。 日＝大日如来、冖＝冠帯、車＝金輿の字形を持ち、ラッキーチャンスがある。 **菅田将暉、山本航暉、中山正暉**	かわく。ひかる。やわらぐ。ひろまる。光熙。「康熙字典」の熙。 字形的に下が軽く灬＝不動明王の字形で、頑固なイメージで不人気になりやすい。 **細川護熙** **近衛熙子**

義《ギ》

我の羊。自他の区別をはっきりする。やるべきことだけをやる。

戈＝宝生如来の字形があり、刺々しい。

青木義朗、吉田義夫、田端義夫、稲葉義男、北原義郎、松方正義、田中義一、孫正義、徳井義実、梅垣義明、大鶴義丹、岡田義徳、丹波義隆、田中義剛、野村義男、森田一義、宮内義彦、片岡義男、源九郎義経、斉藤和義、つげ義春、伊東正義、安田公義、朝間義隆、星野一義、高中正義、菅義偉

経《キョウ》

經が本字。竹簡を糸で結んだもの。書物。性格的にきちんとする。

糸＝絶と又＝養と土＝墓の字形があり、挫折や障害が多くなる。

源九郎義経

勤《キン》

まじめにこつこつ働く。つとめる。良いイメージ。

字形的には右が軽い。何らかの助けが得られる。

志太勤、関根勤、伊東勤

琴《キン》

こと。奇麗なイメージだが、組み合わせが難しい。
字形的に上が重く下の字には使いにくい。玉＝天后の字形で女性的な魅力。
久保田麻琴、浦上春琴
佐々木琴子、三石琴乃、小川麻琴、朝倉真琴、白井琴望、青木琴美

絹《ケン》

きぬ。純粋できれいなイメージ。似合う人には良い。
糸＝絶の字形を持ち、挫折しやすい。
人見絹枝、伊東絹子、田中絹代、小畠絹子

嵯《サ》

高い山と低い山が入り混じったこと。ある険しさを感じさせる。
字形的にも「山」が厳めしいが、得する面もある。

詩《シ》

うた。詩歌。自然に出てくる言葉を待つ象。
きれいな字。エレガントなイメージ。
玉井詩織、伊藤詩織

資《シ》

もと。資本、資産、資源。貝を削って食べる象。字形的に安定している。
井口資仁、室井大資

詢《ジュン》

とう。はかる。質問すること。あまり善し悪しはない字。
勹＝勾陳の字形があり、間抜けなイメージ。
石原詢子

渚《ショ》

なぎさ、水際。あまり良い意味ではない。派手さはあるが薄幸の女性。
字形的に左が軽い。いつも新しいものを欲しがる。
大島渚
長田渚、長田渚左、尼神インター渚

照《ショウ》

てる。てらす。派手さのある字。勢いは良いが、上下を弁えない。字形で「太陽」と「火星」が合う。さらに「刀」があって刺々しい。

松山照夫、香川照之、照英、北原照久、吉田照美、東松照明
正司照枝

新《シン》

あらた。立ち木を斤（おの）で切ること。意味は良いが、刺々しさがある。

勝新太郎、星新一、新野新、山城新伍、坂本新兵、古田新太、谷村新司、井浦新、須見新一郎、村上新悟、古賀新一、水島新司、関沢新一

数《スウ》

→【數】十五画

勢《セイ》

いきおい。威勢。勢いの良い字だが、暴走しやすい。字形的に下が頼りない。

龍虎勢朋
小林千登勢

聖《セイ》

ひじり。王の耳と口。どんな分野でもトップになれる。字形バランスも良い。

萩原聖人、内野聖陽
松田聖子、小島聖、高田聖子、吉岡聖恵、沢田聖子、山本聖子、小原聖子、田辺聖子、野田聖子

靖《セイ》	鉄《テツ》	伝《デン》	楓《フウ》	豊《ホウ》
やすし。無難な文字。字形的にやや左が軽いが。立＝青龍の字形を持ち、堂々と見える。 **田辺靖雄、宮本恒靖、南部靖之、井上靖** **沢口靖子、富田靖子、光浦靖子**	↓**【鐵】**二十一画	傳が本字。イ＝軍荼明王の字形を持ち刺々しい。 **浜崎伝助（釣りバカ）、山東京伝**	かえで。虫＝螣蛇の字形が含まれ、左が軽い。トラブルが多い。 **松本楓湖、神尾楓珠**	↓**【豐】**十八画

裕《ユウ》

ゆとりがあって伸び伸びとしている。
⺭＝紫薇、口＝六合の字形を持ち、おっとりしたイメージ。
石原裕次郎、長門裕之、内田裕也、渡辺裕之、三宅裕司、滝田裕介、織田裕二、
羽場裕一、薬丸裕英、岡田裕介、山本裕典、甲本雅裕、石井裕也、是枝裕和、田村裕、
田中裕二、井上裕介、馬場裕之、小久保裕紀、山崎裕之、中島裕之、八木裕、
井山裕太、山下泰裕
名取裕子、田中裕子、多岐川裕美、水島裕子、伊藤裕子、中澤裕子、青木裕子、
太田裕美、不動裕理、高野裕美子、恵本裕子

誉《ヨ》

→【譽】二十一画

湧《ユウ》

水が湧き出す。字形的に左が軽い。
光岡湧太郎

莉《リ》

花草。茉莉花（ジャスミン）
艹＝桃花、リ＝軍荼明王の字形を持ち、異性関係のトラブルの可能性。
岡田茉莉子、山下容莉枝、松本莉緒、伊瀬茉莉也、指原莉乃、初音映莉子、原英莉花、
森茉莉、登坂絵莉

鈴《レイ》

すず。身分の高い人の象徴。他人と折り合いにくいイメージ。
金＝不動明王の字形を含み、性格が強いイメージを与える。
ウド鈴木、パパイヤ鈴木
山田五十鈴、キューティー鈴木、川島鈴遥

十四画

栄《エイ》

榮が本字。栄える。バランスも良い。略字は火＝不動明王がないので逆に良い。
吉田栄作、見栄晴、滝田栄、梅津栄、薬師寺保栄、尾田栄一郎、大川栄策、工藤栄一、佐藤栄作、田中角栄、観世栄夫、小沢栄太郎、沢村栄治、須川栄三、高橋栄樹、久保栄
浪花千栄子、伊藤榮子、初井言榮、小池栄子、結城美栄子、大川栄子、北林谷栄、壺井栄、東山千栄子、俵山栄子、紗栄子、川栄李奈、日下部基栄

瑛《エイ》

美しい宝石。俗っぽくない、大衆に迎合しないので親しみにくい面もある。
玉＝天后と艹＝桃花の字形を持ち、異性的な魅力が強い。
奥田瑛二、瑛九、ウエンツ瑛士、永山瑛太
瀬川瑛子

温《オン》

皿の水が太陽の光で温まること。あたたかいイメージ。字形的に左が軽い。
園子温、渡辺温
浅野温子、日蔭温子

華《カ》

花。略字のような安っぽさがないが、気位が高い感じを持つ場合がある。
字形バランスも良いが一本足。「丁」が多く「三火成災」＝災難やトラブル、炎上。
博多華丸、村上華岳、山口華楊、鈴木華邨
多部未華子、黒木華、石川梨華、多岐川華子、大矢梨華子、増田有華、岩田華怜、
沖田彩華、中島恵利華

歌《カ》

うた。口が多い。うるさいイメージ。右が軽い形。
あくび＝欠＝化忌の字形を持ち、急に世の中が嫌になったりする。
桂歌丸、三遊亭圓歌
島田歌穂、正司歌江、酒井和歌子、三ツ矢歌子、島崎和歌子、土田和歌子、日野美歌

嘉《カ》

よし。「吉」が「加」わる。目標が達成できる。
バランスも良い。艹＝桃花の字形を持ち異性的な魅力もある。
加藤嘉、中村嘉葎雄、土屋嘉男、大久保嘉人、大森嘉之、筒香嘉智、加藤嘉一、
山本嘉次郎
岡田嘉子、中島美嘉、松尾嘉代

綺《キ》

あやぎぬ。綺羅。きれい。綺麗。糸＝絶の字形を持ち、挫折しやすい。
岡本綺堂
三浦綺音、佐武宇綺

菊《キク》

きく。痩菊、影が薄いイメージ。艹＝桃花の字形を持ち、異性関係は派手になりがち。

西郷菊次郎、瀬川菊三郎、尾上菊三郎、尾上菊五郎、尾上菊之助、河内家菊水丸、
梅沢菊太郎、村上菊一郎、下田菊太郎、中村春菊
花柳小菊、内田春菊、毛利菊枝、前田菊子、三宅菊子、花岡菊子、菊乃

銀《ギン》

音声の「艮」と「金」がついて固いイメージ。「艮」は反抗すること。
金＝不動明王の字形があり、いかつい。しかし銀では金にかなわない。

是川銀蔵、藤原銀次郎、銀次、炭谷銀仁朗
銀粉蝶

源《ゲン》

みなもと。水源。字形的に左が軽い。氵＝沐浴で新奇を好み移り気。

児玉源太郎、天龍源一郎、星野源、郭泰源、高橋源一郎、青木源太、福永法源

滉《コウ》

ひろい。水と日光。派手な字。左が軽い。晃のほうが良い。

大泉滉、岩城滉一、千賀滉大、板倉滉

嵯《サ》

みがく。切瑳琢磨。玉をみがくこと。きれいなイメージ。
玉＝天后の字形を持ち、女性的な魅力を感じさせる。

嵯峨天皇

菜《サイ》

女性が可愛らしく見える字。艹＝桃花の字形を持ち、異性関係が派手になる。
中森明菜、松嶋菜々子、久保菜穂子、酒井若菜、奥菜恵、小嶋陽菜、藤田菜七子、夏菜、
戸田菜穂、真野恵里菜、小林香菜、佐藤亜美菜、小嶋菜月、小坂菜緒、河田陽菜、
芦田愛菜、近藤春菜、木下優樹菜、小川菜摘、清野菜名

滋《ジ》

しげる。うるおいがある、良いイメージ。
左が軽い。幺＝天桃と氵＝沐浴の字形があり、異性関係が派手。
内田滋、矢崎滋、白井滋郎、濱田滋郎、高尾滋、江國滋、成毛滋
室井滋、前原滋子

慈《ジ》

いつくしみ。艹＝桃花と、大きな心＝化忌の字形があり、心労がより多い。
川平慈英

実《ジツ》

實が本字。家の中に宝があること。みのり。バランスも良い。
遠藤実、湯浅実、大木実、千秋実、高橋克実、高山一実、鳥肌実、江崎実生、徳井義実
市川実和子、安達祐実、池上季実子、木暮実千代、有森也実、吉村実子、熊谷真実、
蜷川実花、谷本育実、谷本歩実、西本智実、小山実稚恵、小谷実可子

寿《ジュ》

壽が本字。良い意味なのに、老人を感じさせる。老けたイメージ。
手＝戊、十＝丁、点＝丙で、火炉の転倒、太陽が上らない。発展が遅い。
嵐寛寿郎、唐沢寿明、佐藤寿人、小村壽太郎、西村寿行、池田満寿夫、江口寿史、
花柳寿楽、桜井和寿、古市憲寿
金元寿子、阿部寿美子、相田寿美緒、田川寿美、田丸美寿々

準《ジュン》

はかり。水準。準備。字形的に下が不安定。
河本準一、曽ヶ端準、藤川準、倉田準二、市川準
翠準子

彰《ショウ》

あらわす。顕彰。表彰。彡は光を表わすが刺々しい。発展を阻害する。
彡＝劫財の字形を持ち、知らない間に金が出る。麻原彰晃は三日に彡で光が過剰。
中谷彰宏、麻原彰晃、浅田彰、三枝成彰、池上彰
藤原彰子

慎《シン》

つつしみ。「慎太郎」のように間違って使うとひどく慎みがない人になる。
忄＝化忌の字形があり、いつも心労が絶えない。真のほうが良い。
栗本慎一郎、香取慎吾、柳沢慎吾、石原慎太郎、池畑慎之介、藤森慎吾、田中慎弥、
森末慎二、斉藤慎二、羽鳥慎一、永島慎二、相米慎二、浅井慎平

槇《シン》

まき。樹木の名。まっすぐに成長する良い木の意味。無難な字。左がやや軽い。
岩倉槇子、浅川槇子

尽《ジン》

盡が本字。つきる。つくす。あまり良いイメージのない字。バランスは悪くない。
小林尽

斉《セイ》

齊が本字。そろう、ととのう。バランスが良い。
米倉斉加年、岸本斉史、内山斉、高田斉
斉子内親王

誠《セイ》

まこと。武力を後ろ楯にした言論。強引で押しつけがましい無理強い。刺々しい字。
中原誠、福士誠治、田辺誠一、鮎川誠、時枝誠記、平尾誠二、宮根誠司、奥野誠亮、
三田誠広、森村誠一、椎名誠、村松誠、和田誠
伊藤美誠、尼神インター誠子

精《セイ》

米の糠を取ること。白米。精米。精密。エキス。やや左が軽い。
六角精児、宮口精二、水島精二、手島精一、飯田精太郎、坂田精二郎、加藤精三、
中井精也、平岡精二

誓《セイ》

手に斤＝おのを持って言う言葉。非常に堅苦しいイメージ。バランスは悪くない。
山口誓子

静《セイ》

↓【靜】十六画

総《ソウ》

↓【總】十七画

聡《ソウ》

↓【聰】十七画

造《ゾウ》

つくる。字形的に他の字と組み合わせやすい。
原田泰造、角野卓造、松岡修造、桜金造、椎名鯛造、川辺久造、遠藤章造、井上公造、
田中正造、大竹修造、近藤日出造、増村保造、吉増剛造、吉野作造

琢《タク》

玉を磨くこと。どこまでも納得いくまで追求する性格、妥協しない。
玉＝天后の字形で異性的な魅力はあるが、苦労が多い。

佐藤琢磨、藤岡琢也、辰巳琢郎

暢《チョウ》

のぶ。流暢。物事が順調。字形的に左がやや軽い。

姜暢雄、大西暢夫
秋野暢子、松田暢子

肇《チョウ》

はじめ。聿＝孔雀明王の字形を持ち、エレガントな印象。

ハナ肇、安齋肇、河上肇、飯合肇
島津肇子

通《ツウ》

とおる。ものごとに通じる。かよう。みち。格別良いイメージでもない。

菅原通済、堀川弘通、及川正通、中野裕通、那珂通世
今井通子、源通子、藤原通子

禎《テイ》

めでたい。特に良くも悪くもない文字。厳しい性格。

高杢禎彦、松村禎三、門脇禎二

透《トウ》

とおる。透明。意味は良いが組み合わせにくい。バランスも問題ない。

大平透、蓮池透、村川透、川島透

寧《ネイ》

やすまる。安寧。丁寧。寧ろ心労が多くなる字。形のバランスが不安定。
皿＝軍荼明王の字形が刺々しい上に、心＝化忌の字形があり、やすまらない。

杉山寧

大塚寧々、田島寧子

緋《ヒ》

あか。派手さのある字。糸＝絶、非＝不動明王の字形を持ち挫折や障害が多い。

伊藤緋紗子、藤原緋沙子

輔《ホ》

たすける。人から助力を得られる。
車＝金輿と、用＝建禄の字形を持ち、ラッキーチャンスに恵まれる。

永六輔、山下洋輔、山下大輔、松坂大輔、嶋大輔、高橋大輔、宮川大輔、中村航輔、熊谷幸之輔、荒木大輔、松井大輔、三浦大輔、中村俊輔、中井啓輔、春風亭一之輔、菊池俊輔、井上大輔、宮崎大輔

舞《マイ》

まい。人が舞う姿の象形。音声で「麻衣（経帷子）」を連想させる。
字形的に不安定で落ち着かない。定着しない。

浅田舞、岡本舞、宝生舞、遠野舞子、喜多嶋舞、風間舞子

福《フク》

ふく。幸福。福々しい字。示＝建禄の字形。左がやや軽い。組み合わせに注意。

安藤百福

黒田福美、小夜福子

萌《ホウ》

芽が出ること。いつも芽生えで成長がない。
艹＝桃花の字形を持ち、日月相会なので異性関係が派手。
絵沢萌子、田中萌、俵萌子、上白石萌音

夢《ム》

きれいでムードのある字だが、儚い、空しい。
艹＝桃花、夕＝月光菩薩の字形があり、女性的な魅力。
竹久夢二、徳川夢声、内田吐夢、金崎夢生、平野歩夢、成田緑夢・童夢、三笑亭夢之助、三笑亭夢楽
月丘夢路

与《ヨ》

與が本字。音声だけで、与えるという意味ではあまり使われない。
略字は字形的に安っぽく、安定感がない。
林与一、三輪與志、大橋宗与、華屋与兵衛

綾《リョウ》

あやぎぬ。糸＝絶の字形を持ち、挫折や障害が多い。
岡本綾子、小林綾子、久野綾希子、岡本綾、平原綾香、西脇綾香、平野綾、加藤綾子、
水崎綾女、佐倉綾音、三浦綾子、弘中綾香、佐藤綾乃、曽野綾子

燎《リョウ》

燎原の火。世の中を席巻するような力強い字。使わないほうが無難。
火＝不動明王の字形を持ち、何かと障害が多い。
川崎燎

緑《リョク》

みどり。糸＝絶の字形を持ち、挫折や障害が多い。
成田緑夢、石川緑、佐藤紅緑、斎藤緑雨、柳家花緑
キムラ緑子、宮崎緑

綸《リン》

綸子。艶のある絹織物の一種。派手で高級なイメージ。
糸＝絶の字形を持ち、挫折や障害が多い。
法月綸太郎
まみや綸

郎《ロウ》

皇帝専用の廊の意味から、廊で警護をする武官、側近の文官。
男。別段善し悪しはない字。左右に割れるので、組み合わせに注意。
小澤一郎、谷崎潤一郎、石原裕次郎、赤木圭一郎、宮藤官九郎、野口五郎、大石吾郎、
伊吹吾郎、渡部篤郎、朝永振一郎、豊田喜一郎、鳩山一郎、平沼騏一郎、三浦雄一郎、
小泉純一郎、稲垣吾郎、上岡龍太郎、片岡鶴太郎、時任三郎、栗本慎一郎、勝新太郎、
橋本龍太郎、杉良太郎、石原慎太郎、宇野鴻一郎、河原崎長一郎、高井研一郎、
岡本太郎、浅田次郎、山本太郎、麻生太郎、志垣太郎、佐野史郎、岸部四郎、
北島三郎、高橋源一郎、辰吉丈一郎、茂木健一郎、秋山庄太郎、安倍晋太郎、財津一郎
石ノ森章太郎、糸山英太郎、小沢栄太郎、川口松太郎、正力松太郎、鳥越俊太郎、
鈴木梅太郎、鈴木貫太郎、西村京太郎、根岸吉太郎、野村芳太郎、松山英太郎、
東郷平八郎、森林太郎、山下達郎、ピコ太郎、武上四郎、松本幸四郎、坂上二郎、
春日八郎、吉田拓郎、市川染五郎、田宮二郎、薩摩剣八郎、水野晴郎、嵐寛寿郎、
浅沼稲次郎、寛一郎

碧《ヘキ》

みどり。玉＝天后、白＝貴人、石＝不動明王の字形で、エレガントで異性的な魅力があるが頑固。

河東碧梧桐

佐藤碧子、金沢碧、鳥越碧

十五画

逸《イツ》

安逸、秀逸など良いイメージ。逸脱、後逸など悪いイメージもある。辶＝駅馬の字形を持ち、移動が多く活動的。

茂山逸平、逸ノ城、石井逸太郎

大沢逸美

影《エイ》

かげ。どこか陰のあるイメージ。「彡」のない「景」のほうが良い。日＝大日如来と、彡＝劫財の字形を持ち派手に浪費する恐れがある。あまり名には使われない。

鋭《エイ》

するどい。人を安心させない。金＝不動明王の字形を持ち、頑固で障害が多い。

中村鋭一、かざま鋭二

寛《カン》

ひろい。寛容、寛大。ゆったり、のんびりしたイメージ。バランスも良い。
菊池寛、阿部寛、小倉久寛、成宮寛貴、三上寛、藤山寛美、嵐寛寿郎、伊志井寛、間寛平、山本寛斎、法華津寛、五木寛之、寛一郎、佐藤寛太、はな寛太、いま寛大、古舘寛治、子母澤寛、荒木寛畝、石丸寛、河井寛次郎、黒田寛一
林寛子、三田寛子、島袋寛子、遠藤寛子

葵《キ》

あおい。きれいで威厳があり、派手で高貴なイメージ。
艹＝桃花の字形を持ち、異性的な魅力がある。
中島葵、手嶌葵、中別府葵、下山葵

輝《キ》

かがやく。輝かしい人生。何もしなくても輝く。冖＝冠帯、光＝大日如来、車＝金輿の字形を持ち、いつもラッキーチャンスに恵まれる。
神田正輝、西郷輝彦、あおい輝彦、北村一輝、篠山輝信、石井輝男、宮本輝、高倉輝、横山光輝、宮本輝紀、吉田輝雄、前田亘輝
岸輝子、長岡輝子、旭輝子、一路真輝

毅《キ》

たけし。剛毅。成功もあるが苦労も多い。字形的に刺々しい。

犬養毅、寺内正毅、広田弘毅、御手洗毅、升毅、和田毅、森本毅郎、別所毅彦、亀田興毅、新井弘毅

熈《キ》

→【熈】十三画

慶《ケイ》

よろこぶ。自分の魅力や特長が好意的に受け入れられる。心＝化忌の字形を持ち心労が多い。

藤岡重慶、小島慶四郎、佐藤慶、中尾明慶、柘植久慶、隆慶一郎、大川慶次郎、浅利慶太、小山慶一郎

松坂慶子、荻野目慶子、斉藤慶子、高橋慶子、西岡慶子、小島慶子、川上慶子

賢《ケン》

かしこい。堅苦しく重苦しいイメージ。運勢的には良い。字形的にバランスが良く、どっしりして安定する。

宮沢賢治、石黒賢、浜畑賢吉、山内賢、中本賢、内海賢二、浜岡賢次、西村賢太、桃田賢斗、賀来賢人、大澄賢也、遠藤賢司、高田賢三、宮本賢治

広《コウ》

廣が本字。妊婦が入れる広い家の意味。本字は良い。略字は空間が多すぎて不満。ム＝日光菩薩の字形を持ち欲望が強い。

真田広之、駒田徳広、役所広司、田村高廣、三田誠広、広瀬隆、寺崎広業、歌川広重

水島広子

興《コウ》

おこる。積極的で良いイメージ。字形バランスが良く、名前に使いやすい。

細川忠興、亀田興毅、賀屋興宣

諄《ジュン》

くどい。さとす。諄々と諭す。くどいイメージ。字形バランスは悪くない。

籠池諄子

緒《ショ》

お。玉の緒。端緒。派手さがあり魅力を感じさせるが、苦労の多い字。
糸＝絶の字形を持ち、挫折や障害が多い。
中村玉緒、仲代奈緒、白石奈緒美、宮地真緒、松下奈緒、松本莉緒、相田寿美緒、
さとう珠緒、葉月里緒奈、秋本奈緒美、咲坂伊緒、小坂菜緒、上杉香緒里

進《シン》

鳥が行くこと。早く進む。進歩。前進。派手さの主。
朱雀と駅馬の字形を持ち、派手で移動が多い。
小野進也、波島進、石川進、藤田進、黒部進、阿部進、羽仁進、森進一、寺島進、
利根川進、二階堂進、木村進、あいざき進也、古橋廣之進、小泉進次郎、花形進

数《スウ》

數が本字。鞭打ちの回数を数えること。忙しい文字。
右がやや軽い。「丁」が多く「三火成災」災難やトラブル。
石川数正、石黒正数
細木数子

節《セツ》

ふし。節度。礼節。節気。人間的に立派に見える。
竹＝直符の字形を持ち、条件に恵まれる。
大橋節夫、矢崎節夫
原節子、篠田節子

徹《テツ》

とおす。徹底。貫徹。何でも徹底してやる。バランスは悪くない。

峰岸徹、由利徹、江守徹、安部徹、武満徹、益岡徹、古谷徹、渡辺徹、橋下徹、船村徹、山岡徹也、山下徹大、小池徹平、蛍原徹、豊田徹也、三好徹

黒柳徹子

稲《トウ》

いね。米は欠かせないもので、いつも人から求められる。禾＝観音菩薩の字形を持ち、穏やかだが、爪＝白虎の字形もあり激しい面もある。

浅沼稲次郎

有馬稲子

徳《トク》

人徳。意味は良いが「徳仁」のように気苦労が多い名になりがち。心＝化忌の字形を持ち、心労が多く、目＝軍荼明王の刺々しさもある。

駒田徳広、花沢徳衛、西岡徳馬、岸部一徳、岡田義徳、小山田宗徳、宗次徳二、早川徳次、貫井徳郎、原辰徳、磯村尚徳、前田義徳、入江徳郎、田中徳三、岩合徳光

原田徳子、三浦徳子

摩《マ》

さわる。さする。摩擦。按摩。摩耶は釈迦の生母。梵語のイメージが強い。字形的にやや不安定で使いにくい。

彦摩呂

大黒摩季

満《マン》	葉《ヨウ》	瑤《ヨウ》	諒《リョウ》	凛《リン》
みつる。あるところまで目いっぱいになってしまい先に進めない。左が軽い。 **足利義満、頭山満、平田満、吹越満、佐川満男、池田満寿夫** **渡辺満里奈、里中満智子、松村満美子、下村満子、吉川満子、草野満代**	素朴なイメージで人気がある。 艹＝桃花、木＝成就如来の字形を持ち、異性的魅力がある。 **畑中葉子、入江若葉、杉葉子、小桜葉子、司葉子、濱田万葉、乙葉、山村紅葉、** **葉山葉子、岸本葉子、泰葉**	宝石の一種。表現が愛くるしい。玉＝天后の字形があり、女性的魅力を発揮する。 **森口瑤子、森瑤子、平岡瑤子**	まこと。ゆるす。諒解。諒承。悪い意味のない無難な字。 字形で「口」が多く間抜けな印象。 **加藤諒、村田諒太**	さむい。冷たい。冷静で穏やかだが、ある種の厳しさを感じさせる。 冫＝天刑の字形を持ち、孤独を好む傾向。不倫などは似合わない。 **菊地凛子、飛鳥凛、須藤凛々花**

瑠《ル》

瑠璃。宝石の一種。きれいなイメージ。

左が軽いが、玉＝天后の字形で異性的魅力。「刀」がやや刺々しい。

波瑠、宮崎瑠依、柊瑠美、小島瑠璃子、深津瑠美、大久保瑠美、三浦瑠璃、西野瑠美子、白間美瑠

黎《レイ》

くらい。民衆。黎明。黎元。黎民。黎明は夜明けでいつまでも暗いまま。
字形的にはバランスが取れ、無難な字。
河村黎吉、深水黎一郎
ロバートソン黎子、渋谷黎子

剣《ケン》

劍が本字。刺々しい。

新田真剣佑、薩摩剣八郎

十六画

衛《エイ》

まもる。防衛。衛生。堅苦しく、厳めしく、近づきにくいイメージ。

字形のバランスは良い。

毛利衛、田中邦衛、市川右太衛門、花沢徳衛、榎木兵衛、山本権兵衛、堀田善衛、岩佐又兵衛、片岡仁左衛門、清水六兵衛、大内兵衛

叡《エイ》

かしこい。叡智。叡慮は天子の考え。厳しくて逆らえないイメージ。
字形的に右が軽すぎて不安定。刺のある字。
叡子内親王、千原叡子

学《ガク》

學が本字。名前に使うと、傲慢なイメージを与える。
上が重く、一本足で不安定。略字のほうが上が軽くてまだ良い。
山本學、押尾学、北別府学、宮崎学

暁《ギョウ》

暁が本字。太陽がどんどん昇る、積極的な良い字。左が軽くバランスは悪い。
斉藤暁、河鍋暁斎、野見山暁治
大森暁美

錦《キン》

にしき。金糸で文様を織り込んだ絹織物。錦繍。錦衣。故郷に錦を飾る。
金＝不動明王の字形を持ち、強引で人気がなく苦労が多い。
萬屋錦之介、今西錦司

蛍《ケイ》

本字は「螢」きれいで、寂しく、はかないイメージ。
字形で、冖＝冠帯と虫＝螣蛇を持ち、派手でトラブルが多い。
山口蛍

潔《ケツ》

きよし。清潔。潔癖。その割に清潔なイメージはない。
字形で、絶・沐浴（氵）を持ち、熱しやすく冷めやすい。「刀」は刺々しい。
志賀潔、川久保潔、野々村潔、粟津潔、長谷川潔、西村潔

憲《ケン》

のり。おきて。憲法。憲章。憲兵。厳しくてうるさいイメージ。
罒＝軍茶明王の字形を持ち、刺々しい。心＝化忌の字形があり、心労が絶えない。
寺泉憲、木梨憲武、遠藤憲一、坂口憲二、松岡憲治、美川憲一、黒木憲、弘兼憲史、
畑正憲、古澤憲吾、前田憲男

樹《ジュ》

樹木。すくすくと成長するイメージ。バランスも良い。
目黒祐樹、沢村一樹、大沢樹生、北詰友樹、成田三樹夫、野田秀樹、細川茂樹、
松方弘樹、小林桂樹、杉浦直樹、黒田勇樹、京本政樹、本郷直樹、モト冬樹、高橋英樹、
井岡弘樹、池谷直樹、猪瀬直樹、上田正樹、浦沢直樹、大竹一樹、貝塚茂樹、海部俊樹、
角川春樹、小林正樹、小室直樹、西城秀樹、志茂田景樹、高橋直樹、田中直樹、
東儀秀樹、中江滋樹、村上春樹、山手樹一郎、百田尚樹、又吉直樹、池澤夏樹、
中林大樹、井上真樹夫、松山英樹、田中芳樹、白川英樹、遠山茂樹、和田春樹、
小島正樹
川村真樹、杉本美樹、今井美樹、鈴木杏樹、上野樹里、松下由樹、入江美樹、
木下優樹菜、藤村美樹、持田真樹、横山樹理、桜庭一樹、宮前真樹、仲宗根美樹

潤《ジュン》

うるおい。感慨のための水門。スケールの大きいイメージ。
左が軽いが氵＝沐浴の字形で革新的に進歩発展する。
谷崎潤一郎、藤巻潤、井戸田潤、松本潤、田崎潤、要潤、江藤潤、名倉潤、池井戸潤
長谷川潤

親《シン》

親しむ。何となく重苦しい、鬱陶しさのある字。
市村正親

静《セイ》

静が本字。「青」は透明で「争」いの後の静けさという象。
名前につかうとあまり静かな人生は送れない。

亀井静香、中条静夫、伊集院静、白川静、林静一、梶山静六
荒川静香、工藤静香、山崎静代、あべ静江、夏川静江、大石静、石橋静河、夏樹静子、
久松静児

整《セイ》

ととのう。無難だが、鞭（攴）で「正」して「束」ねる、堅苦しい字。
字形で「丁」が多く「三火成災」

伊藤整、池田整治
野崎整子

達《タツ》

原形は辵＋大羊で、男が羊にありつくこと。達成、栄達、達人。
字形で天喜と駅馬を持ち、本来の目標以外の思わぬことを達成する。

三橋達也、我修院達也、松村達雄、仲代達矢、寺島達夫、名高達男、山下達郎、
石川達三、俵屋宗達、広岡達朗、藤井達吉、石井達矢、江川達也
小池達子（アナウンサー・弁護士）

澄《チョウ》

水が澄む。字形で玄武、六合、沐浴を持ち、多面性がある。
澄んだ心で物事を偏見なく新鮮な目で見ることができ付和雷同しない。

岡田眞澄、江崎真澄、桑田真澄
田中澄江、日高澄子

都《ト》

みやこ。派手なイメージ。自分の持っている条件が目立つ。右が軽いが、阝＝愛染明王の字形で、なんらかの助力が得られる。地の利を得る。

長友佑都、三都主アレサンドロ

田坂都、古城都、菅原都々子、竹内都子、萩尾望都、堀江美都子

道《ドウ》

みち。イメージが良く、使いやすい字。辶＝駅馬の字形を持ち、身の移動が多くなる。

力道山、羽佐間道夫、筒井道隆、水島道太郎、立原道造、宮城道雄、佐藤弘道、森山大道、都筑道夫、高木守道、水道橋博士、杉田成道、藤井道人、織田無道、松田道雄、山村道雄

荒木道子、加藤道子、大楠道代、犬養道子、野村道子、服部道子、永野道代、柴田道子、石牟礼道子

鮎《ネン》

あゆ。中国語ではナマズの意味。あまり美しいイメージではない。ト＝薬師如来、灬＝不動明王の字形を持ち刺々しい。口が大きくて間が抜ける。

三木鮎郎

八田鮎子

篤《トク》

あつい。篤実。竹＝直符の字形と、灬＝不動明王の字形があり、暑苦しい。

渡辺篤史、渡部篤郎、武者小路実篤、久保田篤

遊《ユウ》

あそび。放蕩に走りやすい。辶＝駅馬の字形を持ち、身の移動が多くなる。

三遊亭遊三

小倉遊亀

蓉《ヨウ》

芙蓉。蓮の花。四川省成都の別名。
艹＝桃花の字形があり、異性的な魅力を与える。口が大きく間が抜ける。

高樹蓉子

頼《ライ》

頼が本字。依頼。信頼。本字は刀を持ち刺々しい。当用漢字では無難な字。
字形で「貝」を持ち財のある字。

源頼朝、松野頼三
笙野頼子、西村頼子

璃《リ》

瑠璃。宝石の一種。瑠璃以外の組み合わせはあまり使わない。
左が軽いが、玉＝天后の字形で異性的魅力。癸丁、七殺、日光菩薩でトラブルが多い。

成海璃子、池江璃花子、小島瑠璃子、松尾瑠璃、三浦瑠璃、平田璃香子

龍《リュウ》

竜。力強いイメージだが、トラブルが多い。
字形のバランスは悪くないが廉貞(卜)があり、厳しくて刺がある。

川端龍子、河口龍夫、永井龍男、大宮龍男、坂本龍一、原田龍二、瀬島龍三、松田龍平
月形龍之介、上岡龍太郎、金田龍之介、橋本龍太郎、澁澤龍彦、梅原龍三郎、村上龍

磨《マ》

みがく。研磨。广＝観音菩薩、木＝成就如来、石＝弥勒菩薩の字形。
柔軟な智恵と豪快な破壊性を併せ持つ。自分を磨く人。

團琢磨、團伊玖磨、佐藤琢磨、宇野昌磨、彦磨呂、田中隼磨
松井須磨子、雁須磨子

陸《リク》

りく。土＝墓の字形が重なる、保守的な要素。
仁田陸郎、首藤陸三、福田陸太郎、根本陸夫
恩田陸、くりた陸

十七画

営《エイ》

いとなむ。堅実なイメージ。字形的にも安定感がある。

霞《カ》

かすみ。頼りなくて儚いイメージ。
雨＝天后の字形を持ち、女性的魅力を感じさせる。薄幸の佳人。
勅使河原霞

謙《ケン》

へりくだる。謙虚。謙譲。やや堅苦しいが無難な字、バランスも悪くない。
石丸謙二郎、渡辺謙、新沼謙治、菅原謙次、上原謙、梨本謙次郎、渡辺謙太郎、轟謙二、
北方謙三、福井謙一、福井謙二、江畑謙介

厳《ゲン》

↓【嚴】二十画

駿《シュン》

足の速い馬。駿馬。良い馬の意味だが、本来は人間に向かない字。
バランスは悪くないが、灬＝不動明王、ム＝日光菩薩の字形を持ちトラブルが多い。
宮崎駿、堺駿二、高原駿雄、大東駿介

瞬《シュン》

まばたき。一瞬。瞬間。忙しいばかりで良いことが長続きしない。
目＝文殊菩薩、夕＝月光菩薩、爪＝白虎を持ち、純粋で聡明だが激しい性格。
広岡瞬、塩谷瞬

穂《スイ》

ほ。稲穂。意味としては無難な字。
禾＝観音菩薩、心＝化忌の字形を持ち、穏やかだが心労が多い。
稲垣足穂
牧瀬里穂、中山美穂、矢部美穂、戸田菜穂、高野志穂、島田歌穂、稲垣美穂子、
菅野美穂、久保菜穂子、重田千穂子、吉岡美穂、若林志穂、虻川美穂子、吾妻徳穂、
鈴木瑞穂

総《ソウ》

總が本字。すべて。多くを求めたり関わろうとしたりする。
糸＝絶、心＝化忌の字形を持ち、挫折しやすく心労が絶えない。
田原総一朗、北村総一朗
天地総子、宮崎総子

聡《ソウ》

聡が本字。さとい。聡明。実際よりも賢く見える字。
耳＝文殊菩薩、心＝化忌の字形を持ち知的でエレガント、気配りも良いが心労が多い。
山村聰、倉本聰、寺尾聰、妻夫木聡、藤井聡太
小林聡美

繁《ハン》

しげる。繁茂。繁栄。繁盛。頻繁。糸＝絶の字形、物事が長続きしない。
神山繁、小林繁、青木繁、高田繁
瓜生繁子、川西繁子

弥《ヤ》

彌が本字。大きい、ゆきわたる。発音だけで、意味は普通知らない。
弓＝軍荼明王の字形を持っているので、多少刺があり傲慢なイメージ。
岩崎弥太郎、山中伸弥、田中慎弥、柳楽優弥、中村竹弥、中村文弥、黒川弥太郎、
白石和彌
草間彌生、松浦亜弥

優《ユウ》

すぐる。人のことを心配する気苦労の多い名前。
イ＝軍荼明王、心＝化忌の字形があり、優しいというよりお節介な人。
松田優作、柳楽優弥、徳井優、池井優、宮里優作、速水優、乙川優三郎
優香、大島優子、安座間美優、山田優、望月優子、笛木優子、蒼井優、安藤優子、
石川優子、小倉優子、小渕優子、木下優樹菜、早見優、松岡茉優、秋元優里、大木優紀、
あびる優、手島優

陽《ヨウ》

太陽。陽気。派手だが男性的で、女性を強く見せ、あまり家庭的ではない。
左が軽いが、阝＝愛染明王の字形で、何かと助けが得られる。
夏木陽介、太川陽介、内野聖陽、杉浦太陽、内田朝陽、井上陽水、神田山陽、津本陽、
小中陽太郎、波田陽区、東陽一、前田陽一、渋谷陽一、前田耕陽
山本陽子、島田陽子、浅茅陽子、今陽子、野際陽子、斎藤陽子、南野陽子、夏樹陽子、
佐藤陽子、堀越陽子、小嶋陽菜、河田陽菜、前川陽子、田辺陽子

遥《ヨウ》

はるか。追い求める目標が遠すぎて、もどかしい。
辶＝駅馬の字形があり身の移動が多い。爪＝白虎で、激しい面もある。
坪内逍遥
井川遥、島崎遥香、北原遥子、賀喜遥香、福原遥、田知本遥

隆《リュウ》

盛り上がる。上昇志向が強く、背伸びしすぎる場合がある。
左が軽いが、阝＝愛染明王の字形で助けが得られる。
松任谷正隆、筒井道隆、林隆三、三ツ木清隆、畑山隆則、丹波義隆、小林隆、佐藤隆太、
神木隆之介、反町隆史、吉岡秀隆、上川隆也、南原清隆、岡村隆史、藤井隆、上杉隆、
吉本隆明、西郷隆盛、黒田清隆、筒井康隆、木下隆行、竹山隆範、小峰隆司、石井隆、
小田嶋隆、神田隆、立花隆、濱津隆之、朝間義隆、田坂具隆、横山隆一、副島隆彦

瞭《リョウ》

あきら。明瞭。遠くを見る。職業によっては良い字。
目＝文殊菩薩の字形を持ち知的でエレガント。

澪《レイ》

しずく。儚く美しいイメージ。薄幸の女性。
雨＝天后の字形を持ち、女性的な魅力を感じさせる。バランスが頼りない。
高樹澪、斎藤澪、桐野澪、片桐澪、川村美澪

十八画

環《カン》

わ。たまき。宝石。指輪。金環。
玉＝天后、罒＝軍荼明王の字形を持ち。女性的な魅力はあるが障害も多い。
小川環樹
三浦環、橋本環奈、光川環世、香取環

帰《キ》

本字は「歸」帰る、もとに戻る、ものごとが落ち着くべきところに落ち着くこと。「帰妹」は若い女性が嫁ぐこと。
新字体は、軍荼明王、冠帯、太常の字形でやや刺々しい。
岡本帰一、藤原帰一、山道帰一
朱野帰子

鶏《ケイ》

雞＝康熙字典―十八画。
源氏鶏太、三木鶏郎、今野鶏三

織《ショク》	豊《ホウ》	曜《ヨウ》	煬《ヨウ》	翼《ヨク》
おる。派手さのある力強い字だが、投機的な傾向が出やすい。 糸＝絶、戈＝宝生如来の字形を持ち、刺々しく挫折しやすい。 古田織部、宮本伊織、藤原伊織 遠山景織子、坂上香織、滝沢沙織、瀧本美織、飯田圭織、坂本花織、市川美織、 伊藤詩織、南沙織、持田香織、玉井詩織、村治佳織、江國香織、藤野可織、山本千織	豐が本字　豊は礼のつくり。ラッキーな文字。字形的にもバランスが良い。 江夏豊、武豊、尾崎豊、水谷豊、高木豊、秋田豊、羽川豊、松重豊、山川豊、大野豊、 竹野内豊、小籔千豊、三波豊和 山崎豊子、武智豊子	光り輝く。日曜。七曜。非常に派手なイメージ。 日＝大日如来、隹＝朱雀の字形が重なり、非常に派手。 沼田曜一 熊田曜子	隋の皇帝・煬帝の煬。非常に派手な字。 火＝不動明王、日＝大日如来、勿＝勾陳の字形があり、派手だが障害が多い。	つばさ。バタバタして落ち着かない。羽＝朱雀、艹＝桃花の字形があり、派手。 福岡翼、宇津木翼 本田翼

礼《レイ》

禮が本字。神への供物。エレガントで、派手な感じを与える文字。字形的に略字体は空間が多いが悪くはない。外見が良くなる。

若槻禮次郎、中川礼二、なかにし礼、松本礼児

高島礼子、大信田礼子、草村礼子、瀬能礼子、笹森礼子、髙橋礼華

十九画

絵《カイ》

繪が本字。きれいなイメージ。糸＝絶の字形があり、挫折しやすい。人＝食神、ム＝日光菩薩の字形があり、金銭に縁はある。

中川梨絵、深津絵里、原沙知絵、村川絵梨、吉沢秋絵、小林千絵、鹿沼絵里、金藤理絵、

今井絵理子、生田絵梨花、半井小絵

鏡《キョウ》

かがみ。派手さのある字。立＝青龍、日＝大日如来、儿＝白虎、金＝不動明王の字形があり、堂々として頑固で強引なため障害も多い。

月の家圓鏡

泉鏡花、朝霧鏡子

霧《ム》

きり。人を惑わす、儚いイメージ。

雨＝天后、矛＝軍荼明王の字形を持ち、女性的な魅力はあるが苦労が多い。

幽谷霧子

遼《リョウ》

はるか遠く。遼遠。目指す目標が遠すぎて達成が困難。中国北方にあった王国の名。
イメージが悪い。辶＝駅馬の字形で身の移動が多い。

司馬遼太郎、池上遼一、前田遼一、石川遼
小沢遼子

麗《レイ》

うるわしい。華麗。美麗。麗人。
字形「比」で協調性や競争力がある。

古山高麗雄
大原麗子、岡本麗、田中麗奈、李麗仙、宇津木麗華、千葉麗子、加山麗子、村上麗奈、
山本麗子、三浦瑠麗

二十画

覚《カク》

覺が本字。さめる。いつも緊張がとれない。
儿＝白虎の字形があり、やや不安定。本字は頭が重い。

飯田覚士

馨《キョウ》

かおる。良い香と良い音色が一緒に来ること。
字形バランスも悪くない。女性が実際より魅力的に見える字。

井上馨、秋好馨、船山馨、井上良馨
伊調馨

薫《クン》

薫が本字。人気の出る名。
艹＝桃花、灬＝不動明王の字形があり、異性的な魅力があるが障害も多い。
庄司薫、小林薫、蓮池薫、別当薫、川上宗薫、今井宗薫
八千草薫、奥貫薫、太田薫、小山内薫、栗本薫、秋元薫、高村薫

厳《ゲン》

嚴が本字。きびしい。いかめしい。親しみを持ちにくい字。右がやや軽い。
高山厳、柳生十兵衛三厳

譲《ジョウ》

→【讓】二十四画

蔵《ゾウ》

藏が本字。くら。どっしりした重みを感じさせる。
艹＝桃花、戈＝軍荼明王の字形を持ち、異性的魅力があるが厳しいイメージ。
片岡千恵蔵、佐々木蔵之介、村下孝蔵、真木蔵人、木村孝蔵、市川海老蔵、鳥居耀蔵、
市川雷蔵、大川橋蔵、林家正蔵、林家木久蔵、橘家圓蔵、宇野弘蔵、竹中平蔵、
武蔵丸、鈴木武蔵、間宮林蔵

耀《ヨウ》

かがやく。非常に派手な人生。「曜」よりも華やか。
字形で太陽（光）と朱雀（隹）が重なり、非常に派手。
鳥居耀蔵、張耀文、石黒耀

藍《ラン》

あい。藍色。藍染。しっとりとした上品さ感じさせる字。
艹＝桃花、皿＝釈迦如来を持ち、上品で異性的な魅力がある。
宮里藍、長山藍子、佐藤藍子

二十二画

桜《オウ》

櫻が本字。日本人の好む文字。略字のほうが安っぽい。貝＝正財、ツは刺々しい。
木＝成就如来、女＝天桃で、異性的な魅力はある。
水原秋桜子
秋乃桜子、今田美桜

鶴《カク》

つる。上品で美しいイメージ。やや薄幸な運勢。
灬＝不動明王、隹＝朱雀の字形を持ち、派手だが障害が多い。
田辺一鶴、片岡鶴太郎、笑福亭松鶴、笑福亭鶴瓶、笑福亭鶴光
上野千鶴子、青木鶴子

護《ゴ》

まもる。無難な字。守護。護衛。弁護。少しうるさい印象。
艹＝桃花、隹＝朱雀の字形を持ち、異性的魅力はあるが障害も多い。
細川護熙

鉄《テツ》

鐵が本字。金＝不動明王、戈＝宝生如来の字形で、刺々しいが力強いイメージ。
略字はバランスが悪く、馬鹿で頑固なイメージだけ。

武田鉄矢、玉山鉄二、石立鉄男、三好鉄生、与謝野鉄幹、竜鉄也、片岡鉄兵、富岡鐵斎、
萬鐵五郎

誉《ヨ》

譽が本字。ほまれ、名誉、無難な字。
字形的に安定する。本字は頭が重い。略字は軽すぎ。

勝呂誉

二十二画

響《キョウ》

ひびき。音響。うるさい印象。バランスは良い。

鳴神響一
真野響子、遠藤響子、朝倉響子

二十三画

顕《ケン》

あらわれる。顕現。顕在。顕著。
日＝太陽、目＝文殊菩薩の字形があり、派手で聡明。目立ちたがり。
安田顕、宮本顕治、石川顕、山根良顕、高坂正顕、三瀬顕
矢野顕子

蘭《ラン》

らん。花の名。
字形的にバランス良く「桃花」があって異性的な魅力。
久生十蘭、江馬蘭斎
鳳蘭、應蘭芳、伊藤蘭、江戸川蘭子、鈴木蘭々

二十四画

譲《ジョウ》

譲が本字。ゆずる。謙譲。譲歩。譲ってばかりの人生になりがち。
バランスは悪くない。
高峰譲吉、山本譲二、江波譲二、真鍋譲治、影丸譲也、佐々木譲、安部譲二、飯田譲治、
久石譲
島崎譲

【著者紹介】

掛川東海金（かけがわ・とうかいきん）

1953年長野県生まれ。

20代で家業を引継ぎ、経営、経理、税務、不動産売買、民事訴訟などの実務に10年余り携わり、独学でPCソフトを開発する。

1991年より、運命学ソフトの製作・販売を開始。

掛川掌瑛（かけがわしょうえい）と名乗る。

1994年より10年間、台湾出身の碩学張明澄師（故人）に師事し、明澄派五術、南華密教、雲門禅などを伝授され、《東海金》と命名される。

現在、張明澄記念館最高顧問。

同記念館より、掛川掌瑛名で『子平大全』『子平姓名大全』『紫薇大全』『六壬大全』『奇門風水大全』『太乙大全』『星平会海』『周易大全』など30冊余りを出版、また『密教姓名学《音声篇》』（太玄社）などがある。明澄五術ソフト30種以上も発売中。

開運印鑑デザインにも秀でる。

密教姓名学《字形篇》

2021年 2月3日　初版発行

著　者——掛川東海金（かけがわ・とうかいきん）
装　幀——中村吉則
編　集——初鹿野剛
本文DTP——Office DIMMI

発行者——今井博揮
発行所——株式会社太玄社
TEL 03-6427-9268　FAX 03-6450-5978
E-mail：info@taigensha.com　HP：https://www.taigensha.com/

発売所——株式会社ナチュラルスピリット
〒101-0051　東京都千代田区神田神保町3-2 高橋ビル2階
TEL 03-6450-5938　FAX 03-6450-5978

印刷————モリモト印刷株式会社

ISBN 978-4-906724-64-2 C0011
Printed in Japan

●人の運命やこの世の中の仕組みを玄学を通して究める、太玄社の本

密教姓名学《音声篇》

奇門遁甲に基づく音声による名前の吉凶

掛川《かけがわ》 東海金《とうかいきん》【著】

A5 判並製本/定価=本体 2500 円+税

密教と中国古来の占学が融合した、
『密教姓名学』には「音・形・義・数」という
四つの要素があり、
最初に《音声篇》を公開!

姓名学の哲学と歴史がわかり、
同時に、本書の「名づけ辞典」で参照すれば、
なまえの吉凶がわかります!
有名人の実例で見る《開運》名づけ辞典付。

お近くの書店、インターネット書店、および小社でお求めになれます。